KB077050

사장을 위한
교양MBA

CEO의 서재 · 28

꼭 알아야 할
MBA 에센스를
한 권에 담다

사장을 위한
교양 MBA

와세다대학교 비즈니스스쿨 지음 | 김정환 옮김

센시오

매일같이 회사에서
직면하는 문제들,
MBA 명강의에서 그 답을 찾다

비즈니스 현장에서 아무리 오랜 시간 경험을 쌓더라도 배울 수 없는 것이 있다. 경험이라는 것은 한정적일 수밖에 없기 때문이다. 대부분의 사람들은 한정된 회사, 한정된 직위, 한정된 업무 속에서 일하는 법을 체득한다. 그렇기에 경험에만 의지한 지식은 그 회사를 벗어난 순간 통용되지 않을 수 있다. 통찰력 있는 경영자가 되기 위해서는 경험을 보편적인 원리로 연결 짓는 '이론'이 반드시 필요하다.

 이론은 어떤 기업에서나, 어느 나라에서나 적용되는 일반화된 지식이다. 이론을 알면 개인적인 경험을 뛰어넘어 더 높은 시각에서 비즈니스를 이해할 수 있다. 물리학 이론을 알면 멀리 떨어진

아득한 별의 움직임을 예측할 수 있는 것과 마찬가지다. 이론이라는 안경을 통해서 현실을 바라볼 때 시야가 더 크게 확장된다.

하지만 '실천'으로 이어지지 않는다면 '이론'은 그저 추상론에 머물게 된다. 실천이란 곧 구체적인 대응책이다. 현장에서는 추상적 개념이 아닌, 지금 당장 활용할 수 있는 구체적 대응책이 필요하다. 멀리 떨어진 별로 이주하고자 한다면 그 별의 움직임을 예측하고, 착륙 계획을 세운 다음, 실제로 우주선을 만들어야 한다. 새로운 가능성을 개척하는 것은 다름 아닌 '실천'이다.

경영자가 이론과 실천, 양쪽을 모두 섭렵했을 때 비로소 실질적으로 비즈니스에 도움이 되는 능력을 갖추었다고 말할 수 있다. 다시 말해 매일같이 직면하는 문제에서 '답'을 끌어낼 수 있다는 의미다.

경영자는 답 자체를 명확히 알 뿐 아니라 어떻게 해야 답을 이끌어낼 수 있는지, 그 답에는 어떤 제약이 있으며 이런 제약은 어떻게 발견하고 해소할 수 있을지까지 모두 꿰뚫어야 한다.

이 책은 MBA 과정에서 배우는 주요 과목의 정수를 한 권에 집약한 것이다. 비즈니스의 원리 원칙을 체계적으로 생각하고, 나아가 현장에서 실질적인 답을 끌어내는 실천의 방법을 알고자 하는 사람들을 위한 입문서다. 그래서 꼭 알아야 할 MBA 에센스만을 담았다.

MBA 과정에서는 '비즈니스의 공통 언어'로서 지식을 제공한다. 전략적인 사고 능력, 상황을 읽는 분석 능력, 조직을 이끄는 매니지먼트 능력 등이 향상되도록 지원하는 것이다.

"금방 도움이 되는 것은 금방 도움이 되지 않게 된다."

경영학자들 중에는 이렇게 말하는 이들도 있지만, 나는 그렇지 않다고 생각한다. 정말 도움이 되는 것은 지금 당장도, 그리고 앞으로도 계속 도움이 된다. 언제 어디에서나 도움이 되는 '비즈니스의 공통 언어'를 이 책에 담고자 했다.

전략적 사고의 기초를 다루는 1부에서는 비즈니스 플랜을 그릴 때 알아야 할 기본적인 지식을 정리했다. 그리고 2부에서는 앞서 설명한 비즈니스 플랜을 탁상공론으로 끝내지 않기 위한 구체적 실행 방법을 설명했다. 전략적으로 사고하는 법과 실무에서 제대로 실행하는 법. 이 두 가지 사이에서 균형을 잡고 독자들이 저마다 나름의 사업 설계도를 그려나갈 수 있도록 안내하고자 한다.

이론을 설명하기 위한 방법으로 다양한 업계의 풍부한 사례들을 망라했다. 애플, 삼성, 사우스웨스트 항공 등 독자들이 익히 알고 있는 거대한 기업들의 핵심 전략뿐 아니라, 고객의 니즈를 날카롭게 파악하여 업계의 빈틈을 순발력 있게 장악한 신규 기업들

6

의 사례도 담겨 있다.

이들 기업의 사례를 통해 어떻게 고객의 본질적인 니즈에 초점을 맞출 수 있는지, 어떻게 새로운 시장을 개척하고 사업의 정의를 바꿀 수 있는지 확인할 수 있을 것이다. '그 사업에서 무엇을 할 것인가.' 하는 사업 영역을 하나의 기업이 새롭게 결정하는 일은 얼마든 가능하다.

이 책을 계기로 독자 여러분이 미래의 경영자로서 능력을 한층 더 높은 수준으로 끌어올리기를, 이론과 실천의 융합을 현재의 일터에서 훌륭히 실현해내기를 소망한다. 나아가 새로운 사업의 영역과 기회에 도전하여 자신만의 발자취를 만들어낼 수 있다면 그보다 더 기쁜 일은 없을 것이다.

1부 | 내 회사에 맞는 경영 전략을 어떻게 세워야 하는가?

강의 1 전략 수립을 위한 세 가지 기본 조건

강의 2 규칙이 다른 상대와 어떻게 싸울 것인가?

2부 | 어떤 전략도 실천하지 않으면 무용지물. 전략을 실행하기 위해 조직을 어떻게 운영해야 하는가?

1부

내 회사에 맞는
경영 전략을
어떻게 세워야 하는가?

MBA BASICS FOR THE BOSS

전략 수립을
위한
세 가지 기본 조건

업계의 판을 뒤바꾼 기업들은 어떤 전략을 짰는가?

안 팔리는 집을 사들여 최고의 부동산 수익을 올리다

'전략적 사고'에 관한 다음의 유명한 이야기를 한 번쯤 들어본 적이 있을 것이다.

오래전, 신발 판매원 두 명이 아프리카에 갔다. 그곳 사람들이 신발 없이 맨발로 다니는 것을 보고 두 사람은 각자 이렇게 생각했다.

'아이고, 여기서 신발 팔기는 틀렸구나.'

'세상에, 여기는 무한한 가능성이 숨어 있는 시장이었어.'

이처럼 사고방식이 다르면 전혀 다른 가설을 세우게 된다. 그리고 전략 또한 달라진다. 실제로 '물건 팔기는 틀렸다'라고 흔히들 생각하는 시장에서 '무한한 가능성'을 발견하는 회사들이 있다. 일본의 한 부동산 회사도 그런 경우였다.

이 회사는 임대인이 살고 있는 아파트를 사들이는 비즈니스에 주목했다. 일본의 경우 이렇게 소유자만 바뀌는 형식의 매매는 업계에서 환영받지 못한다. 임대인은 정당한 사유 없이 계약 해지를 할 수 없으며 월세 인상 절차도 까다롭다. 무엇보다 사람이 살고 있는 집은 빈 집에 비해 판매 가격 자체가 25퍼센트 정도 떨어진다. 정책상 임대인이 살고 있는 주택을 매입할 때는 대출을 이용할 수 없고 이런저런 제약도 따라오는 까닭에 그런 집은 사려는 사람이 드물다.

그러나 이 부동산 회사는 다르게 생각했다. 임대인이 퇴거하면 어차피 빈 집과 가격이 같아진다는 사실에 착안한 것이다. 다시 말해, 임대인이 나갈 때까지 버티기만 하면 25퍼센트의 이익을 보장받는다는 소리다. 어떻게 보면 빈 집을 매매하는 것보다도 확실한 방법이다.

회사는 여기에 주안점을 두고, 임대인이 살고 있는 아파트만을 사 모았다. 이때 몇 가지 원칙이 있었다. 주택은 최대한 분산시켜 매입하며, 아파트 한 동에서 한 건만 거래한다. 주요 철노 노선 안

쪽에 위치한 고액의 매물은 사지 않는다. 약 3억 5,000만 원 정도의 아파트를 기준으로 한다. 이 조건에 해당하는 주택은 주로 가족 단위로 거주하는 경우가 많았다.

이렇게 아파트를 사 모으면 무슨 일이 일어날까? '이 집에 사는 사람이 정확히 언제 이사를 나갈 것인가'라는 예측은 불가능하지만, 거래 건수가 많아지자 '큰 수의 법칙'이 작용하여 평균적으로 약 3년 후에는 집이 빈다는 사실을 알게 되었다. 25퍼센트의 이익이 발생하는 시점을 대략 예상할 수 있게 된 셈이다. 게다가 세입자가 살고 있는 동안은 임대료가 들어오므로 설령 퇴거하지 않는다 하더라도 수입은 생긴다.

이 부동산 회사의 창업자는 다국적 투자은행인 골드만삭스 출신이다. 부동산 업계를 살펴보던 그는, 세입자를 안고 주택을 거래하는 것이 금융시장의 재정거래와 유사하다는 사실을 간파했다. 양쪽 모두 가격의 괴리를 이용해 차익을 거두는 거래이기 때문이다. 재미있게도 이전부터 부동산 업계에 몸담고 있던 종사자들은 똑같은 현상을 눈앞에 두고도 이 절묘한 비즈니스 기회를 포착하지 못했다. 이와 비슷한 사례는 다양한 업계에서 얼마든 찾아볼 수 있다.

비싼 공구 세트를 굳이 팔지 않고도 돈 버는 법

"드릴 제조사가 파는 것은 드릴이 아니라 구멍이다."

이 격언은 마케팅의 본질을 정확히 보여준다. 마케팅이란, 제품을 판다기보다 고객이 '하고 싶은 것'을 실현해주는 일이다. 성공적인 사업을 위해서는 이런 발상이 반드시 필요하다.

이 격언을 그대로 실천해서 성공한 회사가 있다. '힐티'라는 전동 공구 제조 기업으로, 유럽의 작은 나라 리히텐슈타인에 본사를 두고 있다. 이 회사는 주로 중소기업을 상대로 전동 공구를 판매했는데, 문제는 고객들이 구입한 공구를 제대로 관리하기가 쉽지 않다는 점이었다. 대부분은 공구를 사용한 후 대충 방치해둔 탓에 다음번 현장에서 공구를 다시 사용하려 하면 제대로 작동하지 않거나 필요한 부품이 없는 경우가 부지기수였다. 이런 상황이 반복되다 보니 중소기업 고객사들은 좀 더 저렴한 공구를 요구하기 시작했다. 그 결과 공구 업체들은 끝없는 가격 경쟁을 벌여야 했다.

이 시점에서 힐티는 비즈니스 모델을 바꾸기로 했다.

'우리는 판매를 그만둔다'라는 선언과 함께, 대여 사업으로 전환한 것이다. 이때부터 힐티는 상품을 파는 대신 고객이 요청해올 때마다 정비가 잘된 전동 공구 세트를 가져다주었다. 한마디로 '공구 세트를 사용할 수 있는 상태'를 파는 비즈니스라 할 수 있었다. 이제 고객들은 복잡한 공구를 수고스럽게 유지·보수하지 않아도 원할 때마다 완벽하게 작동하는 공구를 이용할 수 있게 되었다. 전화 한 통, 혹은 컴퓨터 클릭 한 번으로 값비싼 공구를 유지·보수하는 수고와 비용을 덜 수 있으니 전체적으로 봤을 때 고객 입장에서도 이득이었다. 이 비즈니스 모델은 큰 성공을 거두었고 힐티는 이를 기회로 다시 일어섰다. 그리고 지금은 전 세계에서 이 비즈니스 모델을 전개하고 있다.

건설기계 제조사인 고마쓰도 마찬가지로 '기계를 원활히 사용할 수 있는 상태를 제공한다'는 발상으로 성공한 기업이다. 이 회사는 콤트랙스(KOMTRAX)라는 시스템으로 원가를 절감했다. 콤트랙스는 기계 내부에 GPS 센서를 장착해 전 세계에 있는 기계를 본사에서 감시·제어하는 시스템이다. 유압 셔블이나 덤프트럭 등에 GPS를 장착하여 지금 어디에서 어떻게 기계가 움직이고 있는지 파악하는 것이다. 이것은 원래 도난 방지를 위해서 만든 시스템이었다. 예를 들어 한밤중인데 건설기계가 시속 40킬로미터 이상의 속도로 움직인다면 누군가가 그 건설기계를 임의로 싣고서 이동하는 것이라 판단한다. 이때부터 GPS의 위치 정보를 바탕으로 즉시 추적에 나서고, 항구에서 기다리고 있다가 범인을 잡는다. 이 시스템 덕분에 고마쓰의 건설기계는 다른 제조사에 비해

보험료를 훨씬 낮출 수 있었다.

그런데 콤트랙스 시스템을 운용하다 보니 예상 밖의 소득이 눈에 보이기 시작했다. 탑재한 센서를 통해 기계의 단순한 위치만이 아니라, 어떤 기계가 얼마나 움직였는지까지 확인할 수 있었다. 다시 말해 어떤 부품이 조만간 마모될 것인지를 미리 예측할 수 있게 된 것이다. 콤트랙스 시스템의 핵심은 바로 여기에 있었다.

고마쓰 대리점은 기계가 마모되어 파손될 시점이 되면 고객을 찾아간다.

"아마 내일 정도면 이 부품이 망가질 겁니다. 부품을 미리 교체하시죠."

이렇게 말하면 고객들은 흔쾌히 부품 교체를 요청한다. 특히 중국이나 인도처럼 건설 수요가 많은 지역에서는 건설기계가 갑자기 망가져서 현장이 놀게 되는 사태를 방지하기 위해서라도 부품을 미리 교체하는 쪽을 택한다.

부품이 이미 망가진 뒤라면 고객들은 정품이 아닌 저렴한 부품을 구입할 가능성이 있다. 하지만 업체 측에서 찾아와 부품의 수명과 교체 시기를 정확히 말해주면 정품을 정가에 살 확률이 훨씬 높아진다. 업계에서는 이것을 '예방 보전'이라고 한다. 고마쓰의 이익률이 최근 상승한 데는 이런 예방 보전의 역할이 컸다.

수명이 무한한 형광등보다 더 좋은 형광등은?

전략적 사고를 하려면 '고객 입장에서 얼마나 경제성이 있는가'
를 먼저 따져보아야 한다. 상대측의 비용 구조에 적합하지 않은
물건이나 서비스를 팔아서는 고객을 유치할 수 없다.

예를 들어 철도 회사에 형광등을 판매한다고 해보자. 이때 경쟁
우위는 무엇일까? 가능성을 최대한 열어놓고 생각해서, 수명이
무한한 형광등 정도면 어떨까? 물론 고객들로서는 그보다 더 좋
을 수 없겠지만, 만약 형광등의 수명이 무한하다면 제조사의 비즈
니스 자체가 성립될 수 없다.

사실 지하철의 형광등은 교체할 때 수고가 많이 든다. 운행이
모두 끝난 뒤, 승객이 없는 상태에서 작업을 해야 한다는 점도 문
제다. 철도 회사 입장에서 생각해보면 형광등의 수명이 일정해야
편하다. 실내의 등이 일제히 수명이 끝나서 동시에 불이 들어오지
않는 상태가 되는 것이 최선이다. 들쭉날쭉 꺼지는 형광등을 그때
그때 교체해야 한다면 번거롭기 그지없을 것이다. 고층 빌딩의 옥
상에 설치하는 램프도 마찬가지다.

고객의 경제성이란 이런 것이다. 해당 물품 하나에 들어가는 비
용뿐만이 아니라 관련된 비용이 전체적으로 낮아지는 것이 중요
하다. 이 점을 정확히 파악하고, 설치하거나 교환할 때의 수고로

움까지 예측하는 것이 비즈니스의 핵심이다.

그 회사는 어떻게 더 좋은 서비스를 무료로 제공했을까?

서비스의 품질과 이익 사이에는 '트레이드오프'의 관계가 성립한다고 흔히들 생각한다. 서비스의 질을 높이려면 비용이 그만큼 더 들어가므로 이익이 감소한다는 이야기다.

그러나 뛰어난 전략은 '트레이드오프'를 '트레이드온'으로 뒤바꾼다. '시간 지정 배송'이라는 시스템을 도입한 운수 회사가 대표적인 사례다. 이 회사가 실시한 시간 지정 배송이란 말 그대로 고객이 '며칠 몇 시경에 화물을 전달해달라'고 지정하는 서비스를 뜻한다. 언뜻 고객의 세세한 주문 사항에 대응하려면 비용이 상승할 것처럼 보이지만, 이 회사의 경우 시간 지정 요금을 따로 책정하지 않는다. 고객 입장에서는 원하는 시간에 물건을 받게 되므로 서비스는 한층 향상된 셈인데 가격이 그대로이니 만족도가 높아질 수밖에 없다.

그렇다면 이 운수 회사는 어떻게 추가 요금 없이 이런 서비스를 제공할 수 있는 것일까?

사실 택배 비용을 증가시키는 가장 큰 원인은 '수취자 부재'다.

많은 나라의 경우, 물건을 전달하러 갔는데 아무도 없으면 재방문 통지서를 붙이고 다음날 다시 배송을 해야 한다. 이렇게 되면 두 배가 넘는 비용이 든다. 만약 처음 방문하여 화물을 전달할 확률이 100퍼센트라면 운수 회사로서는 가장 유리한 환경일 것이다.

시간 지정 배송은 이를 실현한 전략이었다. 고객들이야 각자의 사정에 맞춰 편한 시간을 선택한 것이지만, 운수 회사 입장에서는 골치 아픈 '수취자 부재'를 획기적으로 감소시켜준 방안인 셈이다. 전체적으로 택배 운반 비용이 감소하고, 이익은 자연히 상승하는 시스템이다.

아마도 고객들 중에 택배 회사의 편의를 봐주고자 '시간 지정'을 선택하는 사람은 없을 것이다. 하지만 그 결과 고객뿐 아니라 운수 회사도 이익을 보게 된다. 그래서 이 회사는 시간 지정 배송 서비스를 무료로 제공하는 것이다. 여기서 한 발 더 나아간다면 시간 지정을 하지 않을 경우 거꾸로 추가 요금을 내도록 설정해도 괜찮지 않을까 싶다. '수취자 부재'라는 리스크가 높아지므로 그 부담에 대한 비용을 부과하는 것이다.

이 회사의 철학은 '서비스가 먼저, 이익은 나중'이다. 시간 지정 배송 서비스는, 서비스의 질과 이익 사이의 관계를 트레이드온으로 바꿔놓음으로써 이 회사가 늘 강조했던 철학을 자연스레 실현했다. 말 그대로 '윈-윈'의 관계라 할 수 있다.

운동화만 팔지 말고 '달리기'를 팔아라

아래 그림은 제조업체의 이익률을 보여주는 곡선으로, '스마일 곡선'이라고도 부른다. 표를 보면 알 수 있듯이, 제품을 조립하는 것만으로는 이익이 충분히 나지 않는다. 그보다는 오히려 부품이나 사후 지원 쪽에서 더 큰 이익이 발생한다. 이 그림대로라면 곡선의 바닥 부분에 주력하는 회사들은 곡선 양쪽, 높은 수익이 발생하는 지점에 집중할 필요가 있다.

'서비스 중심 사고'는 그런 관점에서 출발한 발상이다. 물건을 파는 회사도 사실은 물건만이 아니라, 그 제품을 통해서 실현할

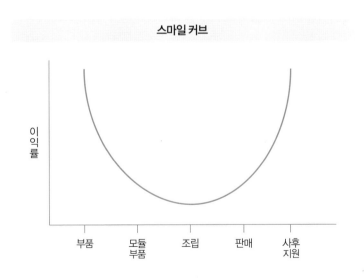

스마일 커브

수 있는 서비스를 판매하는 것이라는 논리다. 물론 제조업체들이 서비스업으로 전환해야 한다는 이야기는 아니다. 제조사는 물건을 판매하지만, 그 물건을 이용하는 상황까지 함께 판다고 생각하여 비즈니스를 확장하라는 의미다.

일례로 한 스포츠의류 업체는 최근 부는 달리기 열풍에 주목했다. 강변이나 도심의 산책로에서 달리기를 하는 사람들이 점차 늘어나고 있는데, 이런 사람들을 위한 편의시설 '러너스 스테이션'을 제공하기로 한 것이다. 이 공간에서 사람들은 옷을 갈아입거나 간단한 샤워를 할 수 있다. 달리기 동호회 사람들의 모임 장소로도 쓰이며, 같이 달릴 사람들을 여기서 모집하기도 한다.

물론 해당 브랜드의 러닝화를 대여하고 구매할 수도 있다. 이곳에서만큼은 할인 없이 정가로만 판매하지만, 한번 대여해보고 마음에 들면 구매하는 사람들의 숫자가 상당하다고 한다. 이 업체는 서비스업으로 전환한 것이 아니다. 다만 고객에게 '달리기 위한 환경'을 제공함으로써 러닝화와 러닝복을 사도록 유도한다. 정가로 팔기 때문에 이익률도 그만큼 상승한다.

악기 제조업체 '야마하'도 비슷한 방법으로 성공을 거둔 경우다. 야마하가 운영하는 음악교실은 큰 인기를 끌었고, 수업을 받는 아이들이 상위 과정으로 올라가면서 야마하 피아노나 엘렉톤(전자 오르간)의 판매량도 자연스레 동반 상승했다.

서비스 중심 사고란 사람들이 제품을 자연스럽게 접할 수 있는 환경을 제공하고, 그 제품을 선뜻 사고 싶게끔 유도할 방법을 고민하는 것이다. 여기에 성공하는 기업들은 활짝 웃는 스마일 곡선의 양끝으로 올라설 수 있다.

첫째, '돈 안 되는 사업'에 헛수고하지 않는 법

'돈 안 되는 사업'에 헛수고하지 않으려면

전략적 사고는 마음먹고 시도한다 해서 가능한 것이 아니다. 즉흥적인 판단으로 전략을 결정하거나, '다들 이렇게 하니까'라는 생각으로 접근하면 실패할 확률이 높다. 전략적이기 위해서는 무엇보다 '사실'을 기반으로 판단해야 하며 고정관념을 버려야 한다.

과거 어떤 은행은 신입사원들에게 예금 계좌를 최대한 많이 확보하라며 목표량을 할당했다. 예금을 하는 고객들이 은행에 이익을 가져다주리라 예측했기 때문이다. 그런데 각 지점의 실태를 조사한 결과, 뜻밖에도 지점의 이익과 예금 계좌 사이에는 아무런 상관관계가 없음이 드러났다. 실질적으로 은행에 이익을 가져다 주는 이들은 주택 자금 대출 고객들이었다. 이들은 숫자로 따지면 전체 고객의 10퍼센트가 채 되지 않았지만 은행 입장에서는 가장 고마운 고객이라 할 수 있다.

생각해보면 당연한 일 같지만, 직접 조사해보기 전까지는 알 수 없는 일이다. 이 사실을 알게 된 은행은 그 뒤부터 고객들이 '예금 계좌' 대신 주택 자금을 위한 '대출 계좌'를 개설하게끔 유도하는 것으로 전략을 바꾸었다. 그동안 회사의 이익과 어긋났던 전략을 비로소 바로잡은 셈이다.

지금도 많은 기업에서는 이 은행과 비슷한 일이 일어나고 있다. '당연히 이익을 내겠지'라고 생각하던 것이 사실은 그렇지 못하고, '돈이 안 된다'고 생각했던 것이 의외로 쏠쏠한 이익을 가져오기도 한다. 이것은 실태를 조사해보지 않고서는 알 수 없다. 그러므로 전략을 세우기 위한 첫걸음은 먼저 사실을 파악하는 것이다.

단골 고객과 새 고객, 누가 더 큰 손님인가?

사실을 파악하기 위해서는 측정이 필요하다. 그리고 측정을 하고 나면 어떤 대응을 해야 할지가 보인다. 측정을 통해 관측할 수 있는 대표적인 지수로 '고객만족도'를 꼽을 수 있다.

데이터에 따르면, 신규 고객을 획득하는 데 들어가는 비용은 기존 고객을 유지하기 위한 비용의 다섯 배에 이른다고 한다. 다시 말해, 회사의 이익을 늘리기 위해서는 재구매 고객에 집중해야 한다는 뜻이다. 가령 현재 타는 자동차에 만족하는 사람은 다음에 차를 바꿀 때 같은 회사의 자동차를 또 선택할 가능성이 높다. 이런 고객이 많은 회사일수록 새로운 고객을 획득하는 데 들이는 비용이 줄어들고, 그 결과 이익이 증가한다. 반대로 고객만족도가 하락한다면 미래에 위기가 온다고 예측할 수 있다.

이런 이유에서 고객만족도는 '내일의 이익을 말해주는 지표'로 불린다. 만약 고객만족도를 측정했는데 결과가 부정적이라면 신규 고객이 아닌 기존 고객에게 집중하는 전략으로 선회해야 한다.

목적과 척도가 어긋날 때의 참사

측정의 목적과 척도가 서로 부합하지 않으면 한 편의 코미디 같은 상황이 벌어지기도 한다.

미국의 어느 항공사는 출발 지연이 매우 잦았다. 비행기가 정시에 출발하지 못하는 경우가 빈발하자 고객의 클레임도 걷잡을 수 없이 늘어났다. 화가 난 사장은 채찍과 당근을 동시에 사용해야겠다고 생각했다. 그래서 출발이 지연되면 직원들의 보너스를 깎고, 정시에 출발하면 보너스를 더 지급하겠다고 발표했다. 비행기가 정시에 출발하는지 판단하기 위해서는 '예정된 시각에 비행기의 도어가 닫히는가'를 척도로 삼기로 했다.

그러자 다음날부터 모든 비행기가 예정된 시각에 도어를 닫았다. 문제는 제 시각에 출발한 비행기는 여전히 별로 없다는 것이었다. 승무원들은 고객을 재촉해서 먼저 비행기에 태우고 문을 닫은 다음 급유와 화물 반입을 실시했던 것이다.

목적에 맞는 척도를 선택하지 못했기 때문에 실패한 전략으로 끝나고 만 사례다. 많은 회사에서는 이런 일이 드물지 않게 일어난다. 올바른 목적을 향해 발을 내딛을지라도 잣대가 잘못되었다면 헛수고를 하게 될 뿐이다.

해석도 전략이다

전략적 사고에서 중요한 또 한 가지는 '측정한 결과를 어떻게 해석하느냐'다. 다음 페이지의 그래프는 '유럽 각국의 소비세율'과 '개인 간 거래 비율' 사이의 관계를 나타낸 것이다.

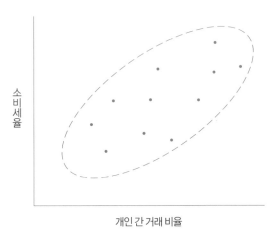

사실을 기반으로 어떤 가설을 세울 수 있을까?

소비세율

개인 간 거래 비율

분포된 점들이 전체적으로 우상향의 양상을 띠는 것으로 보아, 둘 사이에 양의 상관관계가 성립한다고 볼 수 있다. 다시 말해, 소비세가 비싼 나라에서는 소비세를 내지 않는 개인 간의 매매가 증가한다는 이야기다.

만약 정부가 소비세를 인상할 예정이라면 기업들은 이 상황을 어떻게 해석해야 할까? '모피나 보석 같은 고가의 제품들은 잘 안 팔리겠군', '금전등록기를 만드는 업체가 이익을 보겠는데?' 하는 식의 단편적인 발상에 그쳐서는 안 된다. 구조적인 위기를 맞을 업계는 어디인지, 어떤 시장이 중장기적으로 성장할 것인지 가설을 세울 수 있느냐가 중요하다.

그렇다면 어떤 산업이 성장하고 어떤 산업이 쇠퇴할까?

먼저, 개인과 개인 사이에 끼어들어 거래를 중개하는 업종은 외면당할 가능성이 있다. 중고차 판매업이 대표적인 경우다. 소비세를 내고 싶지 않은 사람들은 다른 개인과 직접 거래하는 편을 선호할 것이기 때문이다.

반대로 개인과 개인이 거래할 장소를 제공하는 회사, 이를테면 옥션 회사나 개인 간 거래를 위해 사전 조사 및 정보 제공을 해주는 회사, 거래에 하자가 발생할 때를 대비하도록 해주는 보험회사 등은 이번 기회에 성장할 가능성이 크다고 볼 수 있다.

둘째, 하는 것보다
하지 않는 것이 더 중요하다

무엇을 하지 않을지부터 결정하라

불황을 맞이한 기업들은 종종 '비용 절감'을 목표로 내걸곤 한다. '전체 부문의 비용을 일괄적으로 20퍼센트 절감한다'라는 목표는 과연 효율적일까? 이렇게 한번 생각해보자. '전체 부문의 실적을 일괄적으로 20퍼센트 개선한다'라는 목표는 현실적일까? 후자가 체계적인 전략이 아니듯, 전자 또한 마찬가지다. 경기가 나쁜 시기에도 성장하는 부문은 있기 마련이다.

경영자가 '전체가 모두 따르라'고 호령하는 회사는 전략적이지 못하다. 회사 전체가 일률적으로 무언가를 한다는 것은 아무것에도 중점을 두지 않는다는 의미이기도 하다. 하지만 전략에서는 우선순위가 무엇보다도 중요하다.

'선택과 집중'이라는 말을 흔히 하는데, 다른 말로 하자면 이것은 '무엇을 하지 않을지 결정하는' 일이기도 하다. 가령 하이테크 분야에서는 3년만 지나면 기술 환경이 크게 바뀌기 때문에 경영 자원을 집중 투입한 분야가 갑자기 '진부화'될 위험이 있다. 그렇기에 집중할 분야를 선택하는 것이 그만큼 어렵다. 이럴 때 '적어도 이 영역은 하지 않는다'는 결정을 미리 해놓으면 일률적인 선택에 따르는 오류에서 어느 정도 벗어날 수 있다.

무엇을, 어디까지 보유할 것인가

어떤 사업에 손대느냐, 즉 어떤 분야를 선택하고 집중할 것이냐는 '사업 분야'만이 아니라 '기능 분야'에 관한 이야기이기도 하다. 가치 사슬(value chain)의 관점에서 생각하면 이해가 더 쉬울 것이다. 가치 사슬이란 기업 활동에서 부가가치가 생성되는 과정을 뜻하는데, 상류에서 하류까지 한 줄기로 이어지는 사업의 흐름이라 할 수 있다.

과거에 대기업들은 모든 과정을 직접 주관하는 것을 기본으로 했다. 그런데 최근 들어 변화가 나타나기 시작했다. 가령 제약회사는 연구개발, 제조, 판매, 시판 후 시장조사까지 일련의 과정을 전부 직접 실시하는 것이 일반적이었다. 그런데 제약 업계에 규제 완화가 진행되면서 연구개발이나 생산을 외부에 맡기는 회사가 생겨났다. 의료기관을 방문하여 영업 활동을 하는 제약 업계의 영업사원을 MR(Medical Representative)이라고 하는데 이 인력을 인재 파견회사에 의뢰하거나, 시판 후 조사를 외부에 맡기기도 한다.

이런 상황이 되면 '자사는 무엇을 보유할 것인가?'라는 판단이 중요해진다. 제약회사들 중에서도 모든 제품을 자사가 직접 제조하는 곳이 있는가 하면, 자회사를 설립해 제조 부문 전체를 분리하는 곳도 있다. 회사에 따라 방침이 다르고 보유 자원도 자연히 달라진다. '저 회사가 가지고 있으니 우리 회사도 가지자'는 식으로 업계 전체가 보조를 맞추는 것이 아니기 때문에, 저마다 '무엇을 보유하느냐'가 곧 그 회사의 전략이 된다.

회사가 보유하는 기능은 때에 따라 성격이 달라질 수 있다. 애초에 비용만 발생시키는 비용 부문(cost center)에 속했던 기능이, 어느 순간 기업에 직접적으로 이익을 가져다주는 수익 부문(profit center)이 되기도 한다.

예를 들어 항공사의 항공 정비 기능을 생각해보자. 국내에 항공 정비 전문업체가 없을 경우, 연간 1조 원 규모의 비용을 들여 해외 업체에 정비를 의존해야 한다. 그런데 정부의 지원으로 국내 항공사가 이 기능을 개발했다고 가정하자. 만약 이 항공사가 국내에서 여객기 정비를 통째로 수주하는 데 성공한다면, 독보적인 기능을 보유하게 된다. 이후 고부가가치 정비 사업을 통해 사업성을 점차 높여나갈 수도 있을 것이다.

자사가 무엇을 직접 하고 무엇을 외부에 맡길지 결정할 때는, 가치 사슬 위에 그림을 그려보는 것이 중요하다. 다음 단계까지 나아갈지, 아니면 그 전 단계에서 판매를 할지 선택하는 것이다. 예를 들어 부품 제조사라면 '부품의 상태로 판매한다'는 선택지도 있고, 그 다음 단계까지 시도하여 '부품을 조립해 모듈로 만들어서 판매한다'라는 선택을 할 수도 있을 것이다. 부품의 상태로 판매할 경우 고객층이 더 넓어져서 양산 규모를 키울 수 있다는 이점이 있다. 경우에 따라서는 경쟁 기업에도 부품을 판매할 수 있다. 사후 관리가 편하다는 것도 한 가지 장점이다.

한편 모듈로 만들어 팔면 이익률을 높일 수 있다. 실제로 모듈화를 통해 부품의 지적재산권을 보호하고자 하는 회사들이 적지 않다. 최종 사용자와도 가까워진다는 이점이 있으며, 상황에 따라서는 사후 지원 시장에까지 접근할 수 있다. 이런 장점과 단점을 포괄적으로 고려하여, 기업이 어디까지 직접 기능을 보유할 것인지 선택하게 된다. 이때 다음과 같은 요소를 고려할 수 있다.

- 가동률이 높은 기능인가?
- 부가 가치가 높은 기능인가?
- 이 기능이 경쟁 우위의 열쇠가 되는가?

우선순위가 없으면 손발이 고생한다

다음은 앞서 소개한 운수 회사의 이야기다. 택배 서비스로 입지를 굳힌 이 업체의 모토는 '서비스가 먼저, 이익은 나중'이다. 회사는 사원들에게도 이 원칙을 철저히 교육시킨다. 그런데 한편으로 의구심이 들기도 한다. 회사라는 곳은 최대 수익을 추구하는 집단인데 '이익은 나중'이라는 모토가 과연 타당할까? 가령 '서비스와 이익 모두를 중시한다'라고 원칙을 세운다면 어떨까?

저녁 8시경, 아직 배송지에 전달하지 않은 화물이 하나 남아 있다고 해보자. 배송 직원은 고민에 빠질 것이다. 어떤 직원은 조금 늦더라도 오늘 안에 고객에게 택배를 전달하는 편이 좋겠다고 생각해서 트럭에 화물을 싣고 운전을 할 것이다. 이 경우 서비스가 우선이다. 고객만족도는 높아질 테지만, 단 하나의 화물을 전달하기 위해 트럭을 사용한 결과 비용이 증가(즉, 이익이 감소)한다. 한편 또 다른 직원은 '이건 내일 배달하자'라고 판단한다. 고객만족도는 떨어질지 모르지만 이익은 확보할 수 있다. 다시 말해 서비스와 이익은 서로 상반되는 트레이드오프의 관계인 셈이다.

만약 '서비스와 이익 모두를 중시한다'라는 슬로건을 내건다면, 현장의 제일선이 위와 같은 중요한 상황에서 개별적으로 판단을 내려야 한다. 더 큰 문제는 사람에 따라 판단이 다르다는 점이다. 누군가는 당일에 배송하고 누군가는 다음날 배송한다면 회사전체의 서비스가 들쭉날쭉해진다. 이 회사가 무엇을 중요하게 생각하는지는 알 수가 없게 된다.

그렇게 현장의 직원들이 고민하지 않도록 이 운수업체는 '서비스가 먼저, 이익은 나중'이라고 분명하게 우선순위를 정했다. 그러니까 오늘 배달해야 할지 내일 배달해야 할지 고민되면 오늘 하라는 뜻이다. 직원들은 우선순위에 따라 균등한 서비스를 고객들에게 제공할 수 있다.

존슨앤드존슨은 우선순위가 명확한 회사의 사례로 자주 손꼽힌다. 이 회사는 누구를 우선으로 삼느냐를 분명한 순위로 정해놓았다. 미국의 기업들은 일반적으로 주주 지상주의가 두드러지는데, 존슨앤드존슨에서는 주주를 가장 마지막인 4순위로 설정했다. 그렇다면 1순위는 누구일까? 바로 고객이다. 사원이 2순위, 3순위는 사회다.

이런 우선순위의 배경에는, 존슨앤드존슨의 주력 사업이 의약품이라는 사실이 중요한 원인으로 작용한다. 고객인 '환자'를 최우선으로 생각하고, 환자에게 의약품을 제공하는 사원을 그 다음으로 꼽는 것이다. 또한 존슨앤드존슨은 세계 60개국이 넘는 나라에서 활동하므로 각국의 사회에 녹아들고자 하는 노력이 중요하다는 의미에서 사회를 세 번째 순위로 놓는다. 주주에게는 마지막으로 남은 이익을 배당한다. 회사의 홈페이지에서는 '우리의 신조'라는 제목으로 언제든 이 우선순위를 확인할 수 있다.

만약 존슨앤드존슨의 주주총회에서 누군가가 '왜 주주가 4순위이냐'며 의문을 제기하면 CEO는 먼저 그 주주의 나이를 물어본다고 한다. 이 신조가 1943년에 제정되었기 때문에, 그 후에 태어난 사람이라면 이렇게 확인시켜 준다.

"이 신조는 당신이 저희 회사의 주식을 사기 전부터 정해진 것입니다."

존슨앤드존슨의 신조는 사장이 교체되더라도 바뀌지 않는 이 회사만의 헌법에 해당한다. 경영진은 늘 이 신조를 염두에 두고 의사결정을 내린다.

회사의 우선순위가 확고할 때 직원들이 사명감을 가지고 효율적으로 일할 수 있으며, 고객들의 신뢰도도 높아짐을 기억하라.

셋째, 절대 벗어나면 안 되는 핵심 영역만 찾는다면

1등끼리 모인 팀이 최고가 될 수 없는 이유

전국 고교 야구 선수권대회가 열리면, 이 대회에 출전할 팀을 시도군 단위로 경기를 치러 선발한다. 각 행정구역 내의 고등학교끼리 실력을 겨루고 여기에서 우승한 학교들이 한자리에 모여 최종 승부를 가르는 것이다.

그런데 이 방법에는 허점이 있다. 전국에서 가장 뛰어난 팀은 확인할 수 있지만, 2위 이하의 순위는 정확히 알기 어렵다는 사실이다. 어느 시에서 아깝게 2등을 하여 떨어진 팀이, 다른 시의 1등 팀보다 더 강할 수도 있기 때문이다.

이 이야기는 전략적 사고방식에서 중요한 한 가지를 시사한다. 즉, 부분 최적이 곧 전체 최적으로 직결되는 것이 아니라는 사실이다. 작은 단위에서 뛰어난 인재를 따로따로 뽑아서 모으는 방식은 '부분 최적'에 해당한다. 그러나 각 부분을 최적화한 다음 그것을 더한다고 해서 전체가 최적화되지는 않는다. '전체 최적'을 실현하기 위해서는 전체적인 시점에서 사물을 바라봐야 한다.

가장 뛰어난 국가대표팀을 구성하려면 시도군 단위에 얽매이지 않고 전국에서 우수한 선수를 선발하는 '전체 최적' 방식을 채용해야 한다. 경우에 따라 어떤 지역에서는 국가대표를 한 명도 배출하지 못할 수도 있고, 반대로 어떤 지역에서는 여러 명의 선수가 한꺼번에 뽑힐 수도 있다.

부분이 아닌 전체를 생각하라. 전략적인 사고방식에 반드시 필요한 조건이다.

그런데 실제로 많은 회사에서는 부분 최적에 집착한 나머지 전체 최적을 실현하지 못하는 상황이 빈번하게 일어난다. 어떤 조직에는 수많은 태스크포스와 프로젝트 팀이 존재해서 직원들이 이런저런 업무를 겸임하느라 자기 자리에 앉아 있는 모습을 보기가 힘들다. 이렇게 되면 조직은 제 기능을 할 수 없다. 과거의 환경에 맞춘 조직 구조가 지금도 그대로 남아서 현재의 업무를 방해하는 조직일수록 이런 현상이 두드러진다. 전체 최적을 지향하기 위해서는 태스크포스를 부분적으로 계속 늘려나가기보다 조직 자체를 재편성하는 편이 바람직할 것이다.

프리미엄 이미지의 이면, 백조의 물장구

환경의 변화와 상관없이 '영원히 좋은 전략'이란 존재하지 않는다. 과거에는 좋은 전략이었던 것도 환경이 바뀌면 얼마든 나쁜 전략이 될 수 있다. 그러므로 환경의 변화에 발맞추고 있는가를 끊임없이 생각해야 한다. 그런 측면에서 아메리칸 익스프레스는 환경에 따라 전략을 유연하게 구사하는 기업으로 꼽힌다.

　한때 아메리칸 익스프레스는 고급스러운 브랜드 이미지를 바탕으로 비싼 연회비와 높은 가맹점 수수료율을 고수했다. 신용카드 시장이 성장기일 때는 그래도 가맹점 계약이 급증했고 각국의 수많은 고객들이 아메리칸 익스프레스를 이용했다. 그러나 경제가 침체기에 접어들자 비싼 연회비와 수수료에 부담을 느끼는 사람들이 늘어났다. 고객들은 더 저렴하게 이용할 수 있는 신용카드를 찾기 시작했다. 아메리칸 익스프레스의 사업 전략은 변화하는 환경에 더 이상 적합하지 않게 된 것이다.

아메리칸 익스프레스는 이런 변화에 어떻게 대응했을까? 고급 노선을 버리는 것은 선택지가 아니었다. 다만 시장이 성숙기에 접어들었으므로 비용 문제는 신속히 개선해야 했다. 이 회사가 강구한 방법은 청구 업무를 해외로 이전하는 것이었다. 아시아 시장의 경우에는, 임대료나 인건비가 저렴한 오스트레일리아로 오퍼레이션 업무를 집중시켰다. 항공 우편으로 청구서를 발송하더라도 종합적인 비용 측면에서는 이 편이 훨씬 유리했다.

아메리칸 익스프레스의 사례에서 특히 주목해야 할 점은, 겉으로 드러나는 부분에서는 여전히 고급 노선을 유지하되 눈에 보이지 않는 부분에서 비용을 절감했다는 것이다. 고유의 색깔을 버리지 않고도 환경의 변화에 민감하게 대응한 경우라 할 수 있다.

'15분 턴'이 모든 것을 결정한다

전략적 사고에서 외부 환경의 변화 못지않게 중요한 요소가 바로 회사 내부의 정합성이다. 회사 내부의 상황과 전략이 맞아떨어지지 않으면 비즈니스는 엉망이 되어버린다. 회사에는 내부적으로 '절대 벗어나면 안 되는' 핵심 영역이 존재한다. 이 영역을 얼마나 철저히 지키면서 사업을 확장해나가느냐가 관건이다. 이와 관련해 비즈니스스쿨에서 자주 소개하는 사례로 미국의 사우스웨스트 항공이 있다.

사우스웨스트 항공의 내부 정합성은 '15분 회전'을 핵심 영역으로 한다. 비행기가 공항에 착륙해서 다시 이륙하기까지의 모든 과정을 15분 만에 끝낸다는 것인데 사실 경이적인 속도라 할 만하다. 도착한 비행기에서 승객이 내린 뒤 화물을 꺼내고, 기내를 청소한 다음 다시 승객을 태우고 이륙한다. 사우스웨스트 항공은 이 과정을 15분 만에 해냄으로써, 초저가 항공사로서 다른 회사가 범접할 수 없는 수준으로 성장할 수 있었다.

사우스웨스트 항공의 모든 시스템은 이 '15분 턴'을 실현하는 데 맞추어 정비되었다. 식사를 준비할 필요가 없도록 승객에게 기내식을 제공하지 않고, 지정석이 아닌 자유석 방식을 도입했다. 지정석의 경우 승객들이 모두 착석하기까지 더 많은 시간이 걸린다. 예를 들어 통로 쪽 승객이 먼저 앉아 있는 상태에서 창가 쪽 승객이 뒤늦게 들어오면, 먼저 앉은 사람은 자리를 비켜주느라 일어섰다 앉았다를 반복해야 한다. 그래서 사우스웨스트의 좌석은 버스와 마찬가지로 자유석이다. 비행기의 기종을 하나로 통일한 것도 시간 단축을 위한 대응책 중 하나다. 기장들은 하나의 면허로 모든 여객기를 몰 수 있고, 직원 교육도 한 기종에 대해서만 완료하면 된다.

공항은 도심에서 조금 멀리 떨어진 비행장을 사용한다. 중심지의 붐비는 비행장을 이용하면 다른 항공사의 이륙이 늦어질 경우 사우스웨스트 항공도 함께 늦어지고 만다. 그런 영향을 받지 않도록 한가한 비행장을 사용하는 것이 이 항공사의 원칙이다.

성공한 회사에는 모두 이런 핵심 영역이 뚜렷하게 존재한다. 만약 이 영역이 없거나, 있더라도 사내의 시스템과 따로 놀아서 정합성이 없다면 결코 전략적인 회사라고 할 수 없을 것이다.

MBA BASICS FOR THE BOSS

규칙이 다른
상대와
어떻게 싸울 것인가?

곧 닥쳐올
'업계의 악몽'에 대비하라

생각지도 못했던 가정이 필요한 시대

"자동차 업계의 악몽은 자동차 산업이 컴퓨터 산업화되는 것이다."

도요타 회장은 이렇게 말했다. 컴퓨터 업계에서는 완성품을 만드는 제조사가 중요한 위치를 차지하지 않는다. 컴퓨터 운영체제인 윈도우를 개발한 마이크로소프트나, CPU를 만드는 인텔이 핵심 기업이다. 도요타 회장의 발언은, 컴퓨터 업계와 마찬가지로 자동차 산업에서도 부품 제조사가 힘을 키워 업계 전체를 좌지우지하게 될 것을 우려하는 의미이리라.

실제로 디젤 자동차의 경우 유럽에서 이와 비슷한 일이 이미 일어나고 있다. 독일의 보쉬가 만든 전자제어장치를 탑재하지 않고서는 디젤 자동차를 만들기가 거의 불가능한 상황이 된 것이다. 어쩌면 전기 자동차 업계에서도 같은 일이 일어날지 모른다. 전지 제조사나 모터 제조사가 핵심 기업으로 부상하고, 자동차 제조사는 이들 기업에게서 전지와 모터 등을 구입해 조립만 하는 곳이 될 수도 있다. 이런 일이 일어난다면 산업 구조 자체가 완전히 바뀔 것이다.

현재 자동차 업계는 폭스바겐이나 GM 등 최종 제품을 조립하는 제조사가 정점에 군림하고, 그 아래에 덴소나 보쉬 같은 부품 제조사가 있으며, 다시 그 아래에 2차 부품 제조사, 소재 제조사 등이 거대한 기슭을 형성하고 있다. 이 구조가 뒤바뀌면 어떤 일이 일어날까? 지금까지 생각해본 적도 없었던 것들을 가정해야 전략을 결정할 수 있게 될 것이다.

업종 사이의 벽이 무너지다

다양한 업계에서는 이미 중대한 구조 변화가 일어나고 있다. 대표적으로 휴대폰은 계속해서 타 업계의 시장을 잠식해나가는 중이다. 휴대폰이 카메라의 기능을 대신하는가 하면, 음악 플레이어로도 손색없이 역할을 다한다. 시계는 물론이고 간편하게 휴대할 수 있는 지갑이 되기도 한다. 덕분에 손목시계는 이제 시간을 알려주는 도구라기보다 패션 소품에 가까워지고 있다.

휴대폰의 다기능화에 영향을 받는 곳은 비단 제조업체들만이 아니다. 이제 비행기를 타는 사람들은 모바일 항공권을 예매한 뒤 발권할 필요 없이 휴대폰으로 체크인까지 할 수 있다. 고객 입장에서는 굉장히 편리한 서비스다. 휴대폰만 있으면 항공권 예매나 변경을 손쉽게 할 수 있으며 그대로 공항에 가서 비행기를 탈 수 있으니 말이다. 항공사도 환영할 만한 일이다. 고객을 직접 확보하고 동향을 파악할 수 있으며, 여행사에 발권 수수료를 지급할 필요도 없다. 고객과 항공사 사이에는 윈-윈 서비스인 셈이다. 그러나 여행사들은 입장이 다르다. 모바일 항공권 때문에 과거에 맡았던 중개자 역할에서 밀려났기 때문이다.

물론 이동통신 회사나 휴대폰 제조사가 여행사의 일감을 뺏기 위해 모바일 항공권 서비스와 단말기를 개발한 것은 아니다. 그저 고객에게 더 나은 서비스를 제공하여 만족도를 높이고 시장 점유율을 확보하려 했을 뿐이다. 그런데 결과적으로는 여행사로부터 비즈니스를 빼앗은 격이 되고 말았다.

이처럼 서로 다른 업종끼리 경쟁하는 상황은 점차 빈번해지는

사장을 위한 교양 MBA

추세다. 그 이유로는 크게 세 가지를 생각할 수 있다. 바로 경제 성숙화와 경쟁의 글로벌화, 정보 혁명의 진전이다.

생각해보면 사실 지극히 당연한 이유다. 한 나라의 경제가 성숙해질수록 대부분의 기업은 똑같은 생각을 하게 된다. 세계로 진출하거나 신규 사업을 시작하자는 것이다. 문제는 신규 사업이라는 것이 그 기업에게만 새로운 사업일 뿐 세상에 이미 존재하던 것일 가능성이 크다는 사실이다. 이제 이 기업은 이미 존재하는 업계에 신규 사업자로 진입하여 경쟁을 치르게 된다. 기존의 방식과 새로운 방식이 충돌하는 셈이다.

해외 진출의 경우도 마찬가지다. 글로벌화가 활발히 진행되면서 국경을 넘어 수많은 해외 기업들이 다른 나라, 다른 업계 속으로 발을 내디딘다.

정보 혁명도 여기에 큰 영향을 끼친다. 인터넷이나 휴대폰을 누구나 사용하게 된 덕분에 소비자의 구매 행동 패턴이 변화했고, 기업의 존재 방식도 끊임없이 진화하고 있다.

이런 변화가 동시다발적으로 일어난 결과 업계의 구조가 바뀌거나 업종 사이의 벽이 무너지는 상황이 벌어지고, 서로 다른 업종 간의 경쟁은 심화된다.

당신의 업계는 어떤 방식으로 변화하고 있는가?

하나의 업계가 변화를 맞이하는 형태는 다양하다. 카메라 산업을 예로 들어, 한 업계가 어떤 식으로 구조 변화를 이루게 되는지 생각해보자.

첫째는 '치환'이다. 지금까지 A였던 것이 B로 바뀌어버린다. 예를 들어 과거의 카메라에는 필름이 반드시 필요했는데, 디지털 카메라 시대가 열리면서 필름의 역할을 메모리카드가 대신하게 되었다. 다른 말로 하자면, 필름 업계가 반도체의 플래시메모리 업계로 치환되었다 할 수 있다.

둘째는 '생략'이다. 지금까지 있었던 것이 없어져버린다. 디지털 카메라의 등장은 '필름 현상'이라는 작업을 불필요하게 만들었다. 사진을 컴퓨터나 휴대폰 화면으로 볼 뿐이라면 프린터도 필요 없다.

셋째는 '묶기'다. 둘 이상이었던 사업이나 제품이 하나가 되어버리는 현상을 가리킨다. 디지털 카메라가 보급되기 전에 사진 시장에서 큰 인기를 끌었던 일회용 카메라는 필름과 카메라를 일체화한 제품이었다. 이런 경우, 묶는 쪽은 좋지만 묶인 쪽은 고유의 사업 영역이 사라져버린다.

넷째는 '선택지의 확대'다. 과거에 사진은 앨범에 끼워놓고 감상하는 것이었다. 그러나 지금은 액자에 걸어놓는 것 외에도 핸드폰, 컴퓨터 모니터, 텔레비전 등 다양한 방식으로 사진을 볼 수 있게 되었다. 여행지에서 지인들과 수백 장이 넘는 사진을 찍어도 용량을 걱정할 필요 없다. 인스타그램 같은 소셜 네트워크 플랫폼을 이용하면 얼마든지 사진과 동영상을 공유할 수 있기 때문이다. 사진을 공유할 때도 굳이 이메일로 보내거나 USB 메모리에 담지 않아도 된다. 사진을 보고 싶은 사람은 언제든 접속해서 보고 다운로드하여 인쇄하거나 저장, 가공할 수 있다. 책장에 꽂힌 종이 앨범을 꺼내 한 장 한 장 넘기던 시절과는 사진을 즐기는 방식이 완전히 달라졌다.

다섯째는 '추가'다. 이제 사진은 개인이 보존하고 감상하기 위한 용도를 넘어 하나의 커뮤니케이션 수단이 되고 있다. 그저 누군가에게 보여주기 위해 휴대폰으로 사진을 촬영하는 경우가 흔하며, 서로 사진을 주고받으면서 하루를 공유하기도 한다. 전에는 없던 사진 사용법이라 할 만하다.

치환, 생략, 묶기, 선택지의 확대, 추가라는 다섯 가지 관점에서 자신이 몸담은 업계의 구조가 어떻게 변화하고 있는지 생각해보기 바란다. 협소한 범위로 시선을 고정한다면 어느 날 갑자기 회사의 핵심 사업이 사라지거나 완전히 다른 사업 영역으로 치환되는 사태가 벌어질지도 모른다.

업계의 구조 변화를 생각할 때는 최대한 소비자의 관점에서 바라보는 것이 중요하다. 그럴 때 생각지 못했던 기회나 리스크를 포착할 수 있다.

가치관을 버리고 살아남은 회사

후지필름은 산업 구조의 변화를 내다보고 과감하게 대응한 기업 중 하나다. 이 회사의 명칭은 본래 '후지사진필름'이었다. 지금도 회사명에 '필름'이라는 단어가 남아 있기는 하지만, 실상 필름 부문의 매출액은 전체의 몇 퍼센트에 불과하다.

후지필름은 과거에 필름 사업에서 높은 수익을 올렸지만 디지털 카메라가 등장하자 이를 '거스를 수 없는 흐름'으로 판단했다. 그리고 다른 카메라 제조사들보다도 훨씬 일찍 디지털 카메라 시장에 뛰어들었다. 그때 직접 만든 디지털 카메라 파인픽스 (FinePix)는 지금까지도 후속 모델을 선보이며 소비자들의 손길을 꾸준히 유인하고 있다. 하지만 당시 후지필름의 선택은, 필름 사업이라는 주력 사업의 종말을 자신들의 손으로 앞당기는 것과도 다를 바 없었다. 제삼자의 눈에는 자살 행위로 비치는 것도 무리가 아니었다.

후지필름은 이전처럼 필름 사업을 계속하는 것은 길이 아니라고 판단하고 스스로 강점을 버렸다. 그때까지 쌓아놓은 자본을 바탕으로 구조 개혁과 구조 조정을 실시했고, 완전히 다른 회사로 탈바꿈했다.

음악 문외한 '애플'은 어떻게 세계 음악 시장을 정복했는가

애플 역시 업계의 구조 변화에 적극적으로 대응하여 성공한 기업으로 빼놓을 수 없다. 애플의 아이팟은 음악을 즐기는 방식을 혁명적으로 바꾸었고, 이를 통해 애플은 휴대용 음악 플레이어 시장에서 압승을 거뒀다. 세계적으로 아이팟의 점유율이 85퍼센트에서 90퍼센트에 다다를 정도니, 애플이 음악 산업을 지배하고 있다고 해도 과언이 아니다.

그러나 애플은 본래 음악과 관련 있는 기업이 아니었다. 개인용 컴퓨터를 만드는 회사로 출발한 터라 오디오비주얼(AV: Audio Visual) 기기와는 관계가 없었다. 레코드 회사를 소유했던 적도 없고, 음원을 전송할 통신 회사를 보유한 것도 아니다.

애플과 비교되는 회사로 소니를 흔히 꼽는데, 소니는 위에 언급한 세 가지를 모두 다 보유한 회사였다. 휴대용 음악 플레이어로 한때 세계 최대의 점유율을 차지했고, 소니뮤직엔터테인먼트라는 레코드 회사를 보유했으며, 소넷(So-net)이라는 네트워크 회사도 있었다. 한마디로 음원을 네트워크로 전송하기 위해 필요한 요건을 완벽히 갖추었던 셈이다. 그럼에도 소니는 아무것도 보유하지 못한 애플에 꼼짝없이 추월당하고 말았다.

대체 어떻게 된 일일까? 소니가 강자로 군림했던 기존의 휴대용 음악 플레이어는 전부 미디어라는 것을 필요로 했다. 테이프, CD, MD(미니디스크) 등이다. 음원이 들어 있는 미디어를 바꿔 끼우면서 음악을 듣는 방식은 본래 레코드나 오픈릴 테이프에서 시작되었다. 소니는 미디어를 계속 새롭게 바꿔나감으로써 성공을 거두었다.

한편 아이팟의 발상은 '집에 있는 음원 라이브러리를 전부 가지고 다닌다면 일일이 미디어를 사용할 필요가 없지 않을까?' 하는 데서 출발했다. 그리고 바로 이 발상이 음악을 즐기는 방식을 혁명적으로 바꿔놓았다. 미디어에 대한 접근 방식의 차이가 현재 애플과 소니라는 두 회사의 명암를 만드는 데 결정적인 역할을 했던 셈이다.

이미 성공한 기업일수록 잃는 것이 많다. 소니와 애플의 사례는 그 사실을 여실히 보여준다.

비즈니스 모델,
빌리지 말고 만들라

예금을 싫어하는 은행

은행은 보통 예금이라는 형태로 자금을 모아서 그것을 기업에 빌려주고, 이자를 받아 수익을 올린다. 이것이 은행의 전형적인 수익구조이며, 은행의 이런 시스템은 한 나라의 경제에 동맥이나 정맥과도 같은 역할을 한다.

그런데 대출 사업을 아예 하지 않는 은행이 있다. 2001년에 출범한 일본의 세븐은행이 그 경우다. 유통업체인 세븐앤드아이가 보유한 세븐은행은, 전통적인 은행 업계에서 보자면 전혀 다른 업종에서부터 진출한 신규 사업자다. 기존의 은행 관계자들은 세븐은행 이야기가 나오면 "그건 은행이라고 할 수도 없다"며 불쾌한 내색을 보이는 경우가 흔하다. 앞서 이야기한 '은행의 전형적인 역할', 즉 대출 사업을 하지 않는다는 것이 이유다.

그런데 세븐은행은 비교적 짧은 역사에도 불구하고 상당한 수익을 내고 있다. 대출 사업 없이 어떻게 그게 가능한 것일까? 답은 간단하다. ATM 수수료가 바로 이 회사의 수익원이다.

현재 세븐은행은 일본 전역에 약 1만 5,000대 정도의 ATM을 보유하고 있으며, 대부분은 세븐일레븐 편의점에 설치되어 있다. 누군가가 세븐일레븐에서 본인 거래 은행의 현금카드로 돈을 인출할 때마다 사용료를 내게 된다. 돈을 인출하는 사람이 수수료를 직접 내지 않을 때도 세븐은행은 해당 은행으로부터 착실하게 수수료를 받는다.

세븐은행이 가장 난감한 상황을 생각해보자면, 아마도 사람들이 세븐은행에 계좌를 점점 더 많이 개설하는 경우일 것이다. 지금처럼 다른 은행의 예금자들이 세븐일레븐의 ATM에서 돈을 인출하면 수수료가 끊임없이 들어온다. 그러나 세븐은행의 예금자가 돈을 인출할 때는 수수료를 받을 수가 없다. 다시 말해 세븐은행에 가장 이상적인 상황은 그 누구도 세븐은행의 계좌를 만들지 않는 것이다. 그럴 때 가장 많은 수익을 올릴 수 있다.

실상 세븐은행의 비즈니스 모델은 다른 많은 은행들이 존재하기에 성립한다. 즉, 거대한 업계 속에서 순환하는 돈의 일부를 가져가는 비즈니스다. 말하자면 업계의 빨판상어라 할 만하다.

한편 세븐은행과 같은 해에 창업한 소니은행의 비즈니스 모델은 기존의 은행과 동일하다. 예금으로 자금을 모아서 그 돈을 빌려주고 이자를 받음으로써 차익금으로 수익을 낸다. 대형 은행에 비하면 소니은행의 예금액은 100분의 1 정도에 불과하지만, 그럼에도 똑같은 비즈니스 모델로 경쟁을 한다. 어떻게 그럴 수 있을까?

그 비결은 점포를 단 하나도 보유하지 않는 데 있다. 즉, 소니은행은 인터넷 전문 은행이다. 당연히 점포나 점원에 관련된 운영 비용은 일체 들지 않는다. 시스템 비용은 발생하지만 대형 은행이 정보시스템에 투자하는 규모에 비하면 미미한 수준이다. 그래서 소니은행은 저비용으로 운영할 수 있다.

저비용은 가격 경쟁에서 근본적인 무기가 된다. 예금 금리를 높여서 더 많은 자본을 확보하고, 대출 금리를 낮춰서 대출 고객을 유인한다. 예금 금리를 높이고 대출 금리를 내리면 차익은 줄어들지만, 그 손해를 메우고도 남을 만큼 운영 비용이 낮기 때문에 수익이 발생한다.

세븐은행과 소니은행은 모두 기존 업계에 새롭게 진출한 은행이지만 비즈니스 모델과 전략은 서로 완전히 다르다. 이처럼 동일한 업계에서 전혀 다른 형태의 기업들이 병존하며 경쟁하는 시대를 우리는 살고 있다.

상대가 달라지면 싸움의 규칙도 달라진다

타 업종 간 경쟁의 본질은 비즈니스 모델의 싸움이다. 수익을 내는 시스템이 다르기에 싸움의 규칙도 다르다.

가령 구글과 마이크로소프트는 서로 다른 비즈니스 모델로 고객들에게 동일한 가치를 제공한다. 사무용 소프트웨어인 MS 오피스는 OS 윈도우와 더불어 마이크로소프트의 주력 상품이다. 마이크로소프트는 오피스를 판매하여 수익을 내는, 그야말로 제조사다운 전략을 택했다. 반면에 구글은 MS 오피스의 워드, 엑셀, 파워포인트에 해당하는 소프트웨어 'Google 문서'를 인터넷상에 무료 제공한다. 구글은 'Google 문서'로 돈을 벌 생각이 전혀 없다. 구글의 매출액 중 99퍼센트는 광고다. 즉, 소프트웨어를 무료로 제공해서 많은 사람이 구글에 접속하도록 만드는 것이 목적이다. 접속자 수가 많을수록 광고도 많이 들어오기 때문이다. 그밖에도 '구글 지도'라든가 '구글 스트리트 뷰', '구글 어스' 같은 다양한 서비스를 무료로 제공함으로써 이용자들의 접속 횟수와 체류 시간을 늘려 광고로 연결시키고 있다.

이렇게 규칙이 서로 다른 상대와 경쟁하여 살아남으려면 경쟁 상대의 전략이나 비즈니스 모델을 충분히 이해해야 한다. 자사의 강점 및 약점과 비교해보고 적용해야 할 부분이 있다면 순발력 있게 바꿔야 한다. 다만 무턱대고 기업의 시스템이나 전략을 바꿔버리면 고유의 강점이 사라져버릴 수도 있다. 달리 수익을 낼 방법도 없으면서 사람들에게 제품을 공짜로 제공해버린다면 자살행위나 다름없을 뿐이다.

때로는 고객에게 서로 다른 가치를 제공하는 기업들이 경쟁을 하는 경우도 있다. 이것은 고객의 시간이나 공간, 지갑을 차지하기 위한 싸움이다.

예를 들어 텔레비전과 컴퓨터, 휴대폰은 고객의 시간을 차지하기 위해 서로 경쟁한다. '텔레비전 보면서도 틈틈이 핸드폰을 할 수 있는데, 서로 경쟁할 일이 있나?'라고 생각한다면, 바로 그렇기 때문에 경쟁이 일어난다는 사실을 알아야 한다. 텔레비전 프로그램 사이사이 광고가 나올 때마다 시청자들이 바로 눈을 떼고 컴퓨터를 들여다보거나 휴대폰을 만지작거린다면 광고주는 텔레비전에 굳이 광고를 할 필요가 없다.

'소비자가 봐주지도 않는 광고를 하느라 방송국에 그 많은 돈을 줘야 하는가?'라고 광고주가 생각하기 시작하면 방송국의 비즈니스 모델은 더 이상 성립하지 않는다. 극단적인 경우지만 얼마든 일어날 수 있는 일이다.

고객의 공간을 차지하기 위한 경쟁으로는 숙박시설과 찜질방을 생각할 수 있다. 찜질방은 한 끼 식사가 가능하고 수면실도 따로 마련돼 있어서 하룻밤을 묵기 부족하지 않다. 그래서 늦은 시간까지 술을 마셨거나 야근을 할 경우 근처 찜질방을 이용하는 사람들이 꽤 많다. 택시를 타고 귀가하거나 다른 숙박시설을 이용하는 것보다 훨씬 저렴하기 때문이다.

지갑을 차지하기 위한 경쟁은 훨씬 더 다양한 범주에서 일어난다. 가령 요즘 고등학생들은 용돈을 어디에 사용할까? 예전에는 친구와 떡볶이를 사먹거나 자잘한 소품을 사는 정도였겠지만, 지금은 핸드폰이나 게임과 관련된 곳에 용돈을 가장 많이 쓴다. 즐길 거리는 점점 다양해지고 있지만 학생들이 매달 받는 용돈은 한정적이다. 다시 말해 이들의 지갑을 차지하기 위해 서로 경쟁해야 한다는 이야기다. 자신도 모르는 사이에 고객을 빼앗기는 일은 어느 업계에서나 일어날 수 있다.

'아무 날도 아닌 날'을 위한 꽃가게

그렇다면 비즈니스 모델을 생각할 때 무엇을 중심으로 삼아야 할까? 좋은 비즈니스 모델은 다음의 세 가지 요소를 분명히 포함하고 있다.

첫째는 '고객에 대한 가치 제안'이다. 다시 말해 고객에게 무엇을 제공하는가가 명확해야 한다는 의미다. 둘째 제대로 된 '수익 시스템'이 있어야 하며, 셋째로 경쟁자가 새로 진입할 때 '우위성을 지속'할 수 있어야 한다.

꽃가게 가운데 프랜차이즈 체인점으로 급성장을 이룬 업체가 있다. 기존의 꽃가게와는 무엇이 달랐기에 이 업체는 빠른 속도로 이름을 알리고 손님들의 발길을 끌었을까?

사람들이 꽃을 사는 목적은 보통 공적인 용도와 사적인 용도로 나뉜다. 거래처가 지점을 새로 개업했다든가 새로운 사장이 취임했을 때 꽃을 선물하는 경우는 공적인 용도에 해당한다. 이럴 때 사람들은 가격을 따지기보다 유명한 꽃집을 검색해서 고급스러운 제품을 주문하곤 한다.

한편 결혼기념일이나 아내의 생일, 자녀의 졸업식, 발표회 등 사적인 이유로 꽃다발이 필요할 때가 있다. 대개는 며칠 전부터

그날을 위해 꽃을 사려고 마음을 먹는다. 지난해 아내의 생일에 아무것도 준비하지 않았다가 낭패를 본 남편이라면, 전날이나 당일에 직접 꽃집을 찾아가 주문할 것이다.

"아내가 수국을 좋아하니까, 활짝 핀 수국으로 풍성하게 만들어주세요."

점원은 고객의 요구사항에 맞춰 꽃을 고르고 이런저런 부재료를 더하기도 한다.

보통의 꽃가게가 이렇게 고객의 목적에 맞추어 화환이나 꽃다발을 제작해주는 것에 비해, 앞서 이야기한 꽃가게 체인점은 즉흥적으로 꽃을 구입하도록 유도한다. 특별한 날이라서 비싼 꽃을 계획적으로 사는 것이 아니라, 일상 속에서 문득 꽃이 눈에 들어올 때 가벼운 마음으로 몇 송이 구입하라는 것이다. '오늘 저녁에는 식탁에 안개꽃을 장식해볼까?' 하는 마음이 들면, 편의점에서 맥주 한 캔을 사듯 꽃을 고르는 식이다.

이것이 이 꽃가게 체인점의 '고객 가치'다. 그래서 이곳은 작은 꽃다발의 가격이 5,000원에서 8,000원 내외로 저렴하며, 미리 만들어놓은 상품이 주를 이룬다.

그날의 기분에 따라 꽃을 산다는 것은, 가게 앞을 우연히 지나가다가 발길을 멈추는 사람들이 주요 고객이라는 의미다. 그래서 사람들의 통행이 잦은 역사 안이나 역 앞에 주로 가게를 연다. 그리고 가게의 구조를 어디부터가 점포이고 어디까지가 통로인지 알 수 없게끔 개방적으로 만들어서 사람들이 지나던 길에 쉽게 들르도록 한다. 하루에 100~200명의 손님이 가게 앞을 지나다가 들어와서 둘러보게 만들고, 그중 20~30퍼센트만 꽃을 사도 성공이라는 전략이다.

　가게의 이런 '수익 시스템'은 기존의 꽃집과는 상반된다. 기존의 꽃집이 '낮은 회전율, 높은 매출총이익'을 바탕으로 하는 것과는 정반대로, '높은 회전율, 낮은 매출총이익'으로 승부하는 것이다.

　'지속적인 우위성'이라는 관점에서 보았을 때도 이 꽃가게는 상당히 전략적이다. 수도권에서 이용객의 수가 많은 지하철 역 인근에 대부분 출점하여 경쟁 업체들과는 차별화된 위치를 장악하고 있다.

좋은 비즈니스 모델에 필요한 3요소

- **고객 가치**: 예) 고객에게 꽃의 새로운 가치와 쓰임새를 제공한다.
- **수익 시스템**: 예) '높은 회전율, 낮은 매출총이익'이라는 파격적인 수익 구조로 승부한다.
- **지속적인 우위성**: 예) 주요 거점을 미리 장악한다.

'돈 드는 일'을 '돈 되는 일'로 바꾸려면

지금까지 설명했듯이 비즈니스 모델을 어떻게 만들어내느냐에 따라 어떤 회사에게는 비용일 뿐이었던 대상이 다른 회사에는 중요한 수익원이 되기도 한다. 만약 회사는 열심히 뛰고 있는데 좀처럼 상황이 달라지지 않는다면 그 원인을 먼저 정확히 파악해야 한다. 다음과 같은 질문을 다각도로 던져보라.

(1) 기존의 업계 질서 속에서 계속 지는 싸움을 했던 것은 아닌가?
(2) 다른 업계의 새로운 경쟁 상대가 들어와서 업계의 파이를 빼앗고 있지는 않은가?
(3) 업계나 사업의 정의가 바뀔 정도의 변혁이 일어나고 있는가?

원인이 무엇이냐에 따라 기업이 어떤 방법으로 싸워야 할지가 완전히 달라진다. 거꾸로 생각하면, 회사가 새로운 분야로 진출하여 기존의 업계를 공략할 수도 있다. 비용이나 부가가치 측면에서 차별화가 가능하다면 (2)번처럼 타 업계의 파이를 잠식할 수 있고, 혹은 (3)번처럼 정면승부를 해볼 수도 있을 것이다.

MBA BASICS FOR THE BOSS

마케팅
잘하는 회사는
물건을 팔지 않는다

꼭 그 물건이 아니어도
고객들은 얼마든지 괜찮다

경영 이념의 중심에 '고객'이 들어서다

피터 드러커(Peter Drucker)는 기업 경영에서 마케팅의 역할을
다음과 같이 설명했다.

"마케팅은 지극히 기본적인 기능이다. 그래서 제조나 인사 등
의 기능과 같은 선상에서 하나의 직능으로 다룰 수 없다. ……따
라서 기업의 다른 모든 분야 속에, 마케팅에 대한 관심과 책임이
고루 스며들도록 해야 한다."

마케팅이 기업 경영에서 아주 중요한 기능이라는 사실은 틀림없다. 마케팅은 경영의 방향성을 보여주는 이념이면서 실질적인 지침의 역할을 한다. 현재 많은 기업들이 '마케팅 지향' 경영 이념을 추구하는데 단순히 표현하자면 '고객을 중심으로 사업을 운영한다'는 신조라 할 수 있다.

아래는 기업의 전형적인 경영 이념이 변화하는 과정을 나타낸 것이다. 한때는 '생산'을 경영 이념의 중심으로 삼던 기업들이 대다수였지만 이제는 많은 기업들이 마케팅, 혹은 사회적 마케팅을 토대로 경영을 실시하고 있다.

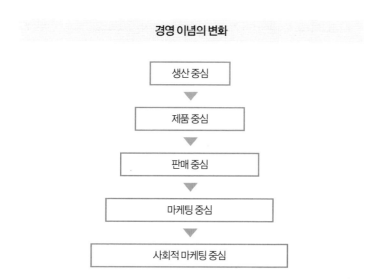

경영 이념의 변화

생산 중심
↓
제품 중심
↓
판매 중심
↓
마케팅 중심
↓
사회적 마케팅 중심

생산 중심 전략의 경우 '기업의 경쟁력을 가장 크게 좌우하는 것은 생산 능력'이라고 판단한다. 수요가 공급을 웃도는 시장에서는 매우 효과적이다. 어떤 제품이 출시되어 많은 사람들이 그 제품을 원하는데 생산 능력이 미숙하다면 수요를 따라잡지 못하게 된다. 그런 상황에서는 생산 능력을 향상시키고 대량 생산을 통해 비용 절감 및 저가격화를 꾀하는 것이 기업의 경쟁력에 크게 기여한다.

그 전형적인 성공 사례인 동시에 실패 사례이기도 한 상품이 바로 T형 포드다. 초기의 포드를 대표하는 이 자동차는 1908년에 출시된 이래 모델에 거의 변동이 없었으며, 색상도 검은색 한 가지뿐이었다. 최고 가격은 850달러였지만 대량 생산을 통한 비용 절감 효과로 1925년에는 290달러까지 가격을 낮췄다. 판매 대수는 가격과 반비례하여 매년 증가했고, 약 1,500만 대에 이르는 누계 판매 기록을 세웠다. 당시에는 생산 중심 전략이 상당히 효과적이었음을 알 수 있는 대목이다.

그러나 1920년대에 들어서면서 자동차에 대한 소비자들의 기호가 한층 다양화되고 세분화되었다. 이 무렵부터 T형 포드의 판매량은 떨어지기 시작했다. 자동차가 아직 일반화되기 이전이던

1910년대에는 '값싸고 작동만 잘되면 된다'는 생각이 소비자들 사이에 주를 이뤘지만 자동차가 일반화된 뒤부터는 기호가 훨씬 다양해졌다.

'검은색 말고도 더 다양한 색을 선택할 수 있으면 좋겠어', '스타일이 좀 다른 자동차를 갖고 싶어'. T형 포드는 소비자들의 이런 니즈에 대응하지 못했다.

그 시점에 포드의 라이벌인 제너럴모터스(GM)가 새로운 전략으로 무장하고 나섰다. 가격대에 따라 다양한 차종으로 라인업을 갖추고 시장 세분화에 대응한 것이다. 제너럴모터스는 포드의 시장점유율을 빠르게 추월했고 1927년, T형 포드는 결국 생산이 종료되었다.

생산 능력을 확대하여 대량 공급과 비용 절감을 꾀하는 데만 집중해서는 다양화, 세분화되는 소비자의 기호에 충분히 대처할 수 없다. T형 포드의 성공과 실패는 그 위험을 여실히 보여주는 사례다.

생산 중심 사고의 특징

- 기업의 경쟁력을 가장 크게 좌우하는 요인은 곧 생산 능력이라고 판단한다.
- 수요가 공급을 웃돌 경우에 효과적이다.

- 생산 능력 향상, 공급 확대, 비용 절감을 통해 저가격화를 실현한다.
- 소비자의 니즈나 기호의 다양화에 대응하지 못할 위험이 있다.

꼭 그 물건이 아니어도 고객들은 얼마든지 괜찮다

'소비자는 품질이 가장 좋은 제품, 성능이 가장 뛰어난 제품을 선호한다. 그렇기에 더 좋은 제품을 만드는 데 힘을 쏟아야 한다.'

제품 중심 전략은 이런 생각을 바탕으로 한다. 실제로 제조업계에는 전통적으로 이런 사고방식이 뿌리 깊게 자리하고 있으며, 경영의 기본 이념으로 내건 기업도 적지 않다. 그러나 주의하지 않으면 이 이념은 자칫 '마케팅 근시안(marketing myopia)'으로 이어질 수 있다.

하버드 MBA 교수 시어도어 레빗(Theodore H. Levitt)은 마케팅 근시안이라는 개념을 처음 소개하면서 이렇게 설명했다.

"고객은 제품 자체를 원하는 것이 아니라 제품이 가져다주는 편익을 추구한다. 이 사실을 망각하고 눈앞의 제품만 바라보면 고객이 바라는 것이 무엇인지 간과하게 된다."

근시안적인 시각에서는 눈앞에 놓여 있는 제품만을 바라볼 뿐, 그 배경에 있는 고객의 본질적인 니즈를 간과하게 된다. 레빗은 '레빗의 드릴 구멍'이라는 유명한 예시를 들어 이 개념을 쉽게 설명했다.

"작년에 4분의 1인치 드릴이 100만 개 팔렸다. 이것은 사람들이 4분의 1인치 드릴을 원했기 때문이 아니다. 4분의 1인치 크기의 구멍이 필요했기 때문이다."

드릴이 많이 팔리면 판매자는 '소비자가 드릴을 원하는구나'라고 생각할지 모른다. 그러나 드릴을 사는 사람은 딱히 드릴 자체를 원하는 것이 아니다. 드릴로 뚫을 수 있는 구멍이 필요한 것이다. 드릴 이외에 구멍을 뚫을 수 있는 더 나은 방법이 등장한다면 드릴은 더 이상 팔리지 않게 될 것이다. 과제 해결이라는 고객의 본질적인 니즈를 제대로 들여다보지 않고 눈앞의 제품만을 보면 마케팅 근시안의 함정에 빠지고 만다.

레빗은 저서에서 마케팅 근시안을 피해 가지 못한 사례로 미국의 철도회사를 언급했다. 승객들 대부분은 열차를 타고 싶어서가 아니라 목적지에 도착하기 위한 수단으로 열차를 이용한다. 물론 기차 여행 자체를 즐기는 사람도 있지만, 이는 일부에 지나지 않는다. 그런 점에서 열차는 승객에게 '이동'을 제공하는 수단일 뿐이다.

중요한 것은 '이동'을 제공하는 수단은 철도만이 아니라는 사실이다. 자동차나 비행기로도 얼마든 이동할 수 있다. 만약 철도업계가 그 사실을 미리 깨달았다면 훗날 거대한 산업으로 성장한 승용차, 항공기 업계에 미리 대비하고 진출을 꾀했을지도 모른다. 그러나 당시 철도회사는 소비자의 보이지 않는 니즈를 간과했다. 아마도 자신들이 승객에게 '열차 탑승'이라는 서비스를 제공한다는 단순한 인식에 머물렀을 것이다.

타자기 제조사도 마찬가지로 마케팅 근시안에서 벗어나지 못했다. 컴퓨터나 워드프로세서가 없던 시절, 사람들은 타자기를 이용해 글을 썼다. 그러나 고객은 문장을 쓰는 도구로서 타자기가 필요했던 것이지, 타자기라는 기기 자체를 원한 것은 아니었다. 고객의 니즈를 미리 파악했다면 타자기 제조사는 워드프로세서와 컴퓨터라는 이후의 급격한 성장 분야에 성공적으로 진출했을지도 모를 일이다.

제품 중심 사고의 특징

- 소비자는 가장 좋은 품질, 높은 성능의 제품을 선호한다는 전제 아래 좋은 제품을 만드는 데 집중한다.

- 고객의 니즈를 파악하지 못해 자칫 마케팅 근시안으로 이어질 위험이 있다.

'완판'을 목적으로 삼지 말라

판매 중심은 사고는 말 그대로 '기업의 실적은 판매가 좌우한다'는 사고방식이다. 이때는 판매 능력이야말로 경쟁력의 원천이라고 판단한다. 공급 능력이 수요를 웃돌 경우에 판매 중심 전략을 많이 채택하며 실제로 효과도 꽤 높은 편이다.

그러나 이 사고방식을 기반으로 하면 제품이나 서비스를 판매하는 것 자체가 목적이 되어버리기 쉽다. 판매를 완료한 시점에 목적이 달성된다고 생각한다면 제품이나 서비스를 구입한 소비자가 만족했는지, 재구매로 이어질 것인지에는 관심을 두지 않게 된다. 하지만 시장이 성숙할수록 첫 구매보다 지속적 구매를 통한 수요의 비중이 더 커진다. 판매 중심 사고를 고수한 결과 고객만족도나 지속적인 구매를 경시한다면 장기적으로는 성장이 저해될 위험이 크다.

판매 중심 사고의 특징

· 기업 경영의 성패를 좌우하는 요소는 판매라고 간주한다.

· 공급 능력이 수요를 웃돌 경우 효과적이다.

· 제품이나 서비스를 판매하는 것 자체가 목적이 될 우려가 있다.

· 장기적으로 성장이 저해될 수 있다.

마케팅 잘하는 회사는 물건을 팔지 않는다

마케팅 중심 사고의 핵심은 다음과 같다.

'표적 고객을 명확히 하고 기업의 다양한 기능을 유기적으로 동원해, 고객 만족을 최대화한다.'

판매 중심 사고에서는 '판매 달성'이 최대의 관심사지만, 마케팅 중심 사고의 경우 '판매 이후의 고객 만족'에 초점을 맞춘다. 마케팅 중심 전략이 제대로 기능하면 제품과 서비스를 한 번 이용한 고객들의 만족도가 높아져 두 번째, 세 번째 구매로 이어진다. 이럴 때 회사는 지속적인 성장을 이룰 수 있다. 한마디로 마케팅 중심 사고란, 고객을 비즈니스의 중심에 두고서 기업 활동을 영위하는 사고방식이다.

마케팅이라는 개념은 판매와 혼동하기 쉬운데, 그 차이는 어디에 있을까?

"마케팅의 목적은 판매 활동을 불필요하게 만드는 것이다."

드러커는 위와 같이 두 개념의 차이를 명쾌하게 설명했다. 회사가 굳이 팔려고 하지 않아도 고객이 자연스럽게 구입해주는 상태 혹은 시스템을 만드는 것이 마케팅의 목적이라는 이야기다. 아마도 기업으로서는 가장 이상적인 상황일 것이다.

한편 레빗은 마케팅과 판매를 다음과 같이 구분했다.

"판매는 판매자의 니즈에 초점을 맞추는 반면, 마케팅은 구매자의 니즈에 초점을 맞춘다."

초점의 대상이 구매자의 니즈인가, 판매자의 니즈인가? 이것은 마케팅과 판매의 결정적인 차이다.

마케팅 중심 사고의 특징

- 표적 고객을 명확히 하고 기업의 다양한 기능을 유기적으로 동원하여 고객 만족을 최대화하고자 한다.

- 판매 중심 사고가 판매의 달성에 초점을 맞추는 데 비해, 마케팅 중심 사고는 판매 이후의 고객 만족에 초점을 맞춘다.
- 고객을 비즈니스의 중심에 둔다.

한층 더 진화한 마케팅

최근에는 마케팅 중심 사고가 한층 더 진화해, 사회적 마케팅을 중심으로 하는 발상이 주목을 받고 있다. 마케팅 중심 사고의 경우 오로지 고객의 만족에 초점을 맞추기 때문에 고객의 배경에 있는 사회 전체의 이익까지는 염두에 두지 않는다. 그에 비해 사회적 마케팅을 중심으로 하는 사고는 '사회 전체의 행복이나 이익에 이바지하는 방식으로 고객 만족을 달성한다'라는 태도를 견지한다.

최근 들어 기업의 사회적 책임이나 사회적 공헌이 큰 주목을 받고 있다. 따라서 마케팅 활동을 할 때도 이런 기류를 의식하고 반영해야 한다는 목소리가 높아졌다.

사회적 마케팅 중심 사고의 특징
- 마케팅 중심 사고가 한층 진화한 단계
- 사회 전체의 행복이나 이익에 이바지하는 방식으로 고객 만족을 달성

78

한다.

- 기업의 사회적 책임에 대한 기대와 더불어 사회적 마케팅의 중요성이 커지고 있다.

마케팅 근시안을 돌파한 기업들

앞에서 설명한 마케팅 근시안은 기업들이 빠지기 쉬운 함정이다. 이를 능숙하게 회피해서 회사가 한층 성장하는 기회로 삼은 사례도 적지 않다.

예를 들어 편의점은 일상용품과 식품을 판매하는 데서 더 나아가 택배 접수, 공공요금 납부, ATM 등의 다양한 서비스를 제공한다. 소비자가 편의점에서 물건을 사는 이유는 일상의 다양한 과제를 간단히 해결하고 싶기 때문이다. 그런데 일상의 과제로는, 삼각김밥이나 도시락으로 점심을 해결하는 것만 있는 것이 아니다. 급하게 돈을 인출해야 하는데 은행에 갈 여건이 안 된다거나, 공공요금을 간편히 납부하고 싶다거나, 소소한 택배를 보내야 하는 상황은 일상에서 흔하게 발생한다. 고객의 그런 과제들을 해결하는 데 초점을 맞춘 결과 현재의 편의점 서비스가 탄생한 것이다.

이삿짐센터 가운데 마케팅 근시안을 돌파함으로써 새로운 시장을 만들어낸 기업이 있다. 대부분의 이삿짐 운송업체는 이삿짐을 새 집으로 나르는 것이 자신들의 비즈니스라고 파악한다. 그런데 이 회사의 생각은 조금 달랐다. 새로운 지역으로 이사를 하는 사람에게는 이삿짐을 물리적으로 옮기는 것뿐 아니라 '생활 자체의 이전'이라는 더 큰 니즈가 배경에 자리하고 있다고 내다본 것이다. 여기에서 '생활의 이전을 지원한다'라는 비즈니스 아이디어가 탄생했다.

이 회사는 이런 관점에서 다양한 서비스를 준비했다. 이사 후 구입해야 할 여러 가지 생활용품을 특별한 가격에 장만할 수 있도록 전용 인터넷 쇼핑몰을 만들었다. 또한 우편물 전송 등 이사 후 발생하는 여러 가지 이전 절차를 무료로 대행하는 원스톱 서비스도 시작했다.

의료용 소모품을 제조·판매하는 한 업체도 마찬가지 전략을 사용해 고객사로부터 큰 호응을 얻었다. 이 업체는 단순히 의료기관에 소모품을 제공하는 데 그치지 않고, 고객의 업무 효율화라는 과제에 초점을 맞추었다. 그 결과물로 수술에 필요한 소모품을 모아놓은 키트를 개발했는데, 실제로 이 키트는 수술 준비에 들어가는 시간을 크게 단축시킴으로써 의료기관의 업무 효율화에 기여했다.

가령 기존 방식대로 백내장 수술 준비를 할 경우 76분이 걸리지만, 이 키트를 이용하면 10분 만에 준비를 마칠 수 있다. '물건이 아니라 수술실의 효율화 자체가 상품'이라는 것이 이 회사의 접근 방식이었다.

IBM은 1990년대 초반 실적이 크게 악화되자 사업 재구축에 나섰다. 이때 'IBM Means Service'라는 슬로건 아래 'e비즈니스'라는 용어를 개발하고 'e비즈니스를 위한 솔루션 제공'에 힘을 쏟았다. 솔루션 비즈니스에 중점을 두면서 하드웨어와 관련된 비즈니스는 차례로 분리해나갔다. 2002년에 프라이스워터하우스쿠퍼스(영국 런던에 본사를 둔 다국적 회계컨설팅기업-옮긴이)의 컨설팅 부문을 사들였고, 2003년에 하드디스크드라이브 사업을 히타치에 매각했으며, 2004년에는 기간 사업 중 하나로 여겼던 개인용 컴퓨터 사업을 레노버에 매각했다.

그 결과 IBM의 매출액에서 서비스가 차지하는 구성비가 크게 높아졌는데 1997년 30퍼센트를 조금 넘는 수준이었던 데서 2008년에는 60퍼센트 수준으로 두 배가 상승했다. 물건, 즉 컴퓨터나 그와 관련된 소프트웨어를 제공하는 것이 아니라 그 배경에 있는 고객의 과제(e비즈니스 솔루션)에 초점을 맞추고 비즈니스의 구조를 바꾼 것이다.

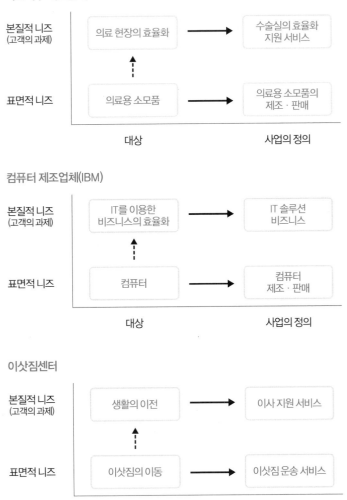

의료기구 제조업체

본질적 니즈
(고객의 과제)

의료 현장의 효율화 → 수술실의 효율화
지원 서비스

표면적 니즈

의료용 소모품 → 의료용 소모품의
제조 · 판매

대상   사업의 정의

컴퓨터 제조업체(IBM)

본질적 니즈
(고객의 과제)

IT를 이용한
비즈니스의 효율화 → IT 솔루션
비즈니스

표면적 니즈

컴퓨터 → 컴퓨터
제조 · 판매

대상   사업의 정의

이삿짐센터

본질적 니즈
(고객의 과제)

생활의 이전 → 이사 지원 서비스

표면적 니즈

이삿짐의 이동 → 이삿짐 운송 서비스

대상   사업의 정의

앞서 소개한 사례들을 보면 마케팅 근시안을 극복하고 고객의 본질적인 니즈에 초점을 맞춤으로써 사업의 정의가 바뀌는 경우도 많음을 알 수 있다. 그 사업에서 무엇을 할 것인가 하는 사업 영역을 새롭게 결정하는 일이 얼마든 가능하다.

브랜드 가치를 어떻게
고객에게 납득시킬 것인가?

저렴한 마트용 샴푸, 젊은이들의 '핫템'으로 거듭나기까지

지금부터는 마케팅의 기본을 다루기 위해 한 기업의 브랜드 이야기를 자세히 풀어내보려 한다. 생활용품 업체 가오(KAO)는 1976년 헤어케어 브랜드 '에센셜'을 출시했다. 당시는 헤어 제품에 기본적인 세정 기능 이상을 요구하는 분위기가 점차 강해지던 무렵이었다. 여기에 편승한 에센셜은 '모발의 큐티클을 보호한다'라는 콘셉트로 대대적인 홍보에 나섰다. 큐티클이라는 단어가 텔레비전 광고 등을 통해 대중에게 널리 알려졌고, 에센셜 제품들은 오랫동안 스테디셀러로 인기를 끌었다.

이 브랜드가 출시된 1976년 이후로 40년 넘는 시간이 흘렀다. 당시 20세였던 젊은이들도 이제 환갑이 넘었다. 물론 오래된 팬을 확보하고 있다는 것은 스테디셀러 제품의 크나큰 장점이다. 하지만 신규 고객을 지속적으로 유입하지 못하면 제품과 함께 고객층의 연령도 상승한다는 것 또한 스테디셀러에 어쩔 수 없이 따라오는 숙제거리다. 고객이 나이듦에 따라 브랜드도 노화를 겪는 것이다. 일단 이 단계에 접어들면 '옛날 브랜드'라는 이미지가 굳어져 젊은 세대의 고객을 확보하기가 더 어려워진다. 이 현상이 브랜드의 노화를 가속시키는 악순환을 일으킨다.

에센셜도 이 악순환에 빠졌다. 1990년대부터 2000년대 초반에 걸쳐 고객 연령이 상승하면서 주요 고객층이 40대 주부가 되었다. 그 결과 '에센셜' 하면 마트에서 기획 상품으로 싸게 파는 샴푸라는 인식이 생겼다. 여기에 P&G의 '팬틴'이나 유니레버의 '럭스' 등이 데미지 케어 제품군을 강화하고 대대적으로 홍보에 나선 영향으로 에센셜은 점유율이 5퍼센트 아래로 떨어지는 부진에 빠졌다.

한편 기업 가오가 2000년 초반 새로운 브랜드를 히트시키면서, 결과적으로 사내에서 에센셜 브랜드의 존재 가치는 한층 더 희미해졌다. 회사는 브랜드를 리뉴얼하고 새롭게 활성화하는 작업에 착수했다.

'머리카락 끝 15센티'에 집중하다

브랜드 리뉴얼의 첫 번째 단계는 타깃 고객을 재설정하는 것이었다. 에센셜 브랜드의 핵심 고객층은 이미 고령화되었기 때문에 젊은 세대의 고객을 새롭게 확보할 필요가 있었다. '잦은 염색이나 펌, 고데기 사용 등으로 머리카락이 손상된 20대 초반의 여성'을 구체적인 타깃으로 설정했다. 그리고 대상층인 젊은 여성 200명 이상과 인터뷰를 진행했다.

그 결과 회사는 다음과 같은 사실을 알게 되었다. 사실 젊은 여성들은 머리카락 손상을 그다지 신경 쓰지 않았다. 그보다는 기껏 완성한 헤어스타일이 망가지지 않도록 유지하는 것이 큰 관심사였다. 그중에서도 스타일링이 가장 마음대로 되지 않는 곳이 바로 '머리카락 끝부분'이었다. 때문에 많은 여성들은 머리카락을 매만져 원하는 모양을 만드는 습관이 있었는데, 실제로 만지는 부분은 본래 의도했던 머리카락 끝이 아니라 귀 아래 부근이었다. 이 모든 결과를 토대로 브랜드 리뉴얼을 하면서 '머리카락 끝 15센티미터'라는 키워드를 도출했다.

한편 브랜드가 제공하는 가치를 재설정하기 위해 젊은 여성이 중시하는 가치관은 무엇인지 모색하는 작업도 진행되었다. 조사 결과, 20대 여성들은 외모에 관해 '귀엽다'라는 표현을 긍정적으로 받아들이는 것으로 나타났다. '예쁘다'거나 '아름답다'라는 표현이 객관적인 평가를 의미하는 데 비해 '귀엽다'라는 말은 부담이 없고 상대방에 대한 애정이 담겨 있다고 느끼기 때문이다.

브랜드 가치를 어떻게 고객에게 납득시킬 것인가?

다음 단계에서는 '귀엽다'라는 이미지를 에센셜이라는 브랜드와 연결할 방법을 궁리했다. 아무리 매력적인 가치를 제공한다 하더라도 고객이 납득하지 않는다면 의미가 없다. 사실 리뉴얼 이전의 에센셜에 대해 고객들이 떠올리는 이미지는 '중년 브랜드'였다. 중년을 위한 브랜드가 '귀여움'을 제안한다면 대부분의 사람들은 고개를 저을 것이다. 그 괴리를 어떻게 메울 것인가? 이것이 중대한 과제였다.

이때 중요한 역할을 한 것이 '머리카락 끝 15센티미터'였다. 이 15센티미터를 바꾸면 발랄하고 귀여운 이미지를 만들 수 있다는 메시지를 구축하기로 했다. 에센셜 제품이 손상된 모발을 관리해준다는 점은 기존의 고객들이 이미 충분히 인식하고 있었다. 여기에 더해 에센셜은 머리카락 끝 15센티미터, 손상이 가장 심한 부분을 집중 관리함으로써 발랄하고 귀여운 이미지까지 연출할 수 있다는 메시지를 담아 광고를 시작했다. 에센셜 브랜드가 크게 달라졌다는 인상을 주기 위해 광고 모델로 여성 코미디언을 기용했다. 화장품이나 헤어 제품의 다른 모델들처럼 전형적인 미인은 아니지만 '발랄함'이라는 이미지와 잘 어울리는 모델이었다. 젊은 여성을 타깃으로 하는 제품으로서는 파격적인 캐릭터를 내세운 결과 강렬한 인상을 줄 수 있었다.

이 리뉴얼은 성공을 거뒀다. 아래의 그래프는 에센셜 브랜드의 판매 점유율 추이를 나타낸 것인데, 2005년 8월의 점유율을 100으로 놓았을 때 리뉴얼을 실시한 2006년 8월 이후는 160~180으로 상승했음을 알 수 있다. 게다가 20대 구매자의 비율이 눈에

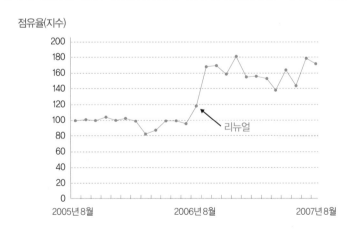

에센셜의 점유율 추이

사장을 위한 교양 MBA

띠게 증가했고, 충성 고객의 비율 또한 높아졌다. 상대적으로 이 브랜드의 기획 상품 부문 매출은 하락하면서, 에센셜은 할인 판매에 의지하지 않고 정가에 판매할 수 있는 브랜드로 새롭게 자리매김했다.

효과적인 포지셔닝을 위한 세 가지 전략

마케팅 전략을 수립할 때 필요한 STP라는 개념이 있다. STP는 시장 세분화(Segmentation), 타깃 설정(Targeting), 포지셔닝 (Positioning)의 머리글자를 딴 합성어다.

먼저 시장 세분화는 시장을 여러 영역으로 나누는 것이고, 타깃 설정이란 앞의 영역 가운데 어디를 표적으로 삼을 것인지 결정하는 것이다. 이 과정을 거쳐 타깃으로 삼을 고객이 결정되면 타깃층에 맞추어 제품의 특징이나 이미지를 명확히 한다. 이 작업이 곧 포지셔닝이다.

에센셜 브랜드의 경우에도 이 STP 마케팅의 개념을 적용해볼 수 있다.

헤어 케어 제품의 경우 보통은 성별과 연령대를 기반으로 시장을 세분화한다. 이는 에센셜도 마찬가지였다. 다음으로 타깃 설정을 통해서, 이전의 40대 주부층에서 '머리카락 손상이 심한 20대 초반의 여성'으로 새로운 표적 고객을 설정했다.

다음은 포지셔닝이다. 표적 고객들에게서 독자적인 입지를 확보하기 위해서는 다른 제품과의 차이를 내세울 필요가 있다. 과거에 에센셜은 손상된 모발을 관리한다는 기능에 초점을 맞추어 포지셔닝했다. 하지만 리뉴얼 이후에는 '발랄함과 귀여운 이미지를 연출한다'라는 젊은 감각을 강조했다.

제품의 포지셔닝 방법으로는 주로 다음의 세 가지 전략이 쓰인다.

① **넘버원 소구** : 다른 제품보다 훌륭한 특징이나 이미지를 내세운다.

② **온리원 소구** : 다른 제품과는 다른 특징이나 이미지를 강조한다.

③ **배경 전환** : 경쟁 무대를 바꾼다.

예를 들어 컴퓨터나 디지털 카메라 등의 제품 영역에서는 '세계 최초'라든가 '세계 최경량' 등의 문구를 이용해 제품 속성을 부각하는 전략을 흔히 사용한다. 제품의 속성 대신 고객에게 제공하는 가치를 부각하는 경우도 있다. 일례로 미니밴 '세레나'는 자동차라는 물건 자체보다도 '추억', '가족과의 유대'라는 가치를 일관

되게 소구한다.

한편 캔커피 중에서도 '아침에 마시는 진한 에스프레소'라는 콘셉트를 차용한 제품이 있다. 지금껏 맛과 풍미에만 중점을 두던 캔커피 시장에서 '아침 전용'이라는 시간대를 키워드로 삼음으로써 경쟁의 무대 자체를 바꾼 것이다.

'세계에서 유일한 기능'도 언젠가는 모방당한다

아래의 그림은 '물리적 속성', '기능적 편익', '심리적 혜택', '고객 가치'라는, 포지셔닝의 네 가지 기준을 표로 나타낸 것이다. 위로 올라갈수록 추상적이고, 아래로 내려갈수록 구체적이다.

포지셔닝의 특성

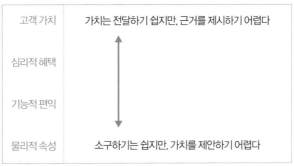

고객 가치	가치는 전달하기 쉽지만, 근거를 제시하기 어렵다
심리적 혜택	
기능적 편익	
물리적 속성	소구하기는 쉽지만, 가치를 제안하기 어렵다

물리적 속성은 '가벼움'이나 '얇음'처럼 구체적인 수치로 보여줄 수 있다. 예를 들어 '세계에서 가장 가볍다'라는 특징은 누구라도 쉽게 이해할 수 있다. 기능적 편익도 마찬가지다. 에센셜이 과거에 내세웠던 '큐티클을 보호한다'라는 제품 기능처럼 구체적으로 설명할 수 있다.

하지만 심리적 혜택이나 고객 가치는 그렇지 않다. '열심히 일한 당신, 떠나라!'라는 캐치프레이즈로 유명한 신용카드 광고를 생각해보라. '수고한 나에게 주는 보상'이라는 심리적 혜택을 구체적인 수치나 스펙으로 소구하기는 어렵다. 앞서 예로 들었던 자동차 세레나도 '추억', '가족과의 유대'라는 고객 가치를 소구하지만 메시지만으로는 이 자동차가 가족 간의 유대에 어떻게 기여하는지 근거를 제시하기 어렵다. 그래서 세레나 자동차 광고에서는 가족이 즐겁게 여행을 떠나는 이미지와 더불어, 제품의 물리적 속성과 기능을 함께 보여준다. 차체가 커서 타고 내리기 편하며 실내가 쾌적하다고 강조하면서 이 차를 패밀리카로 이용하면 좋은 추억을 쌓을 수 있다고 설득한다.

에센셜의 경우, 브랜드를 리뉴얼하면서도 과거의 기능적 편익과 물리적 속성은 그대로 가져왔다. 여기에 '발랄함과 귀여움'이라는 고객 가치를 초점으로 삼아 포지셔닝을 변경했다. 그리고 이

가치를 어떻게 제공할 것인지 설득력을 더하기 위해 '머리카락 끝 15센티미터를 관리하여 원하는 대로 연출한다'라고 홍보함으로써 제품 본래의 기능과 연결시켰다. 그 결과 고객 가치와 에센셜이라는 브랜드가 자연스럽게 연결되어 표적 고객을 이해시키는 데 성공했다.

에센셜 같은 스테디셀러 브랜드 중에는 기능을 중심으로 포지셔닝을 하는 경우가 많다. 과거의 시장에서는 물리적 속성이나 기능으로 제품을 차별화하는 것이 명확하고 효과적인 방법이었기 때문이다. 그런데 시간이 흐르면서 경쟁사들이 유사한 사양의 제품을 내놓고 추격해오자, 한때 제품 고유의 특징으로 내세웠던 기능들만으로는 더 이상 차별화를 이야기할 수 없게 되었다.

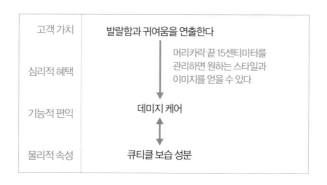

에센셜의 재포지셔닝

고객 가치	발랄함과 귀여움을 연출한다
심리적 혜택	머리카락 끝 15센티미터를 관리하면 원하는 스타일과 이미지를 얻을 수 있다
기능적 편익	데미지 케어
물리적 속성	큐티클 보습 성분

이런 상황에서는 심리적 혜택이나 고객에게 제공하는 가치에 초점을 맞추어 포지셔닝을 변경하는 전략이 필요하다. 문제는 고객 가치라는 것이 매우 추상적이기에 브랜드와 연결 짓기가 쉽지 않다는 점이다. 고객이 충분히 납득하도록 만들기 위해서는 추상적인 가치를 구체적인 기능이나 물질적 속성과 결합하는 것이 중요하다.

에센셜이라는 브랜드를 통해 살펴보았듯이, 이미 전형적인 이미지가 굳어진 스테디셀러 브랜드라 해도 새로운 가치를 설정하고 그것을 브랜드의 핵심 기능과 연계하면 브랜드의 가치 구조를 충분히 재설계할 수 있다. 에센셜의 경우는 STP 중에서도 타깃의 재설정과 포지셔닝 변경이 중요한 역할을 담당했다. 마케팅에서 누구를 대상으로 할 것인지, 제품의 포지션을 어떻게 설정할 것인지에 따라 브랜드와 제품이 완전히 새롭게 변신할 수 있음을 기억해야 한다.

MBA BASICS FOR THE BOSS

'좋은 전략'은
없다,
'맞는 전략'이 있을 뿐

동네 카메라 판매점은 어떻게
업계 1위 홈쇼핑 회사가 되었는가?

경영자들은 끊임없이 더 나은 의사결정을 모색하기 위해 앞선 이들의 지혜가 압축된 프레임워크를 활용한다. 프레임워크는 경영 전략을 수립하도록 돕는 보조선에 해당한다. 프레임워크를 숙지했다고 해서 저절로 전략이 만들어지는 것은 물론 아니다. 프레임워크는 어디까지나 그릇일 뿐이기 때문이다. 다만 백지 상태에서 전략을 만들어낼 때에 비하면 설계도를 그릴 때 중요한 밑그림을 빠뜨릴 가능성이 훨씬 줄어든다.

여기서는 홈쇼핑 방송 '자파넷 다카타'의 사례를 들어서, 기본적인 전략 프레임워크를 어떻게 대입할 수 있는지 살펴보려 한다. 두 가지 프레임워크를 도구로 삼을 텐데, 하나는 경영 전략을 입

3C 분석

Company
(자사)

Customer
(고객)

Competitor
(경쟁자)

마케팅의 4P

Product (제품)	Price (가격)	Place (유통)	Promotion (판매촉진)
· 제품 · 서비스 · 품질 · 디자인 · 브랜드 등	· 가격 · 할인 · 지급 조건 · 신용 거래 등	· 채널 · 운송 · 유통 범위 · 입지 등	· 광고 · PR · 인적 판매 등

안 하거나 분석할 때 사용하는 '3C 분석'이고 다른 하나는 마케팅의 기본적인 네 가지 요소를 가리키는 '마케팅의 4P'다.

자파넷은 처음 작은 카메라 판매점에서 시작해 1990년에 라디오 쇼핑을 시작했고 1994년에는 텔레비전 홈쇼핑 사업에 뛰어들었다. 이때부터 급성장해 2010년도에는 매출액 1,600억 엔(약 1

조 8,000억 원)에 달하는 일본 최대의 통신판매 회사로 부상했다.

이 홈쇼핑 회사의 특징은 창업자인 사장이 직접 홈쇼핑 방송에 출연해 제품을 홍보한다는 것이다. 워낙에 입담이 뛰어나고 제품 설명을 귀에 쏙쏙 들어오게 하는지라 타 방송의 쇼핑호스트들을 압도한다는 평가를 받는다.

거북이 고객에게는
거북이 전략을

3C 분석의 세 가지 요소인 고객, 경쟁자, 경영 자원을 이 회사에 적용해보면 다음과 같다.

고객: 뒤늦은 사람들을 타깃으로 삼는다

자파넷을 가장 많이 이용하는 사람들로는 집에서 텔레비전을 자주 접하는 주부나 고령자층을 먼저 떠올릴 수 있다. 더불어 컴퓨터나 카메라 등의 디지털 기기 초보자들도 주요 고객이라 볼 수 있다. 디지털 기기를 한번 사보고 싶지만 제대로 활용할 자신이 없는 사람들에게, 이 채널은 사용법을 상세히 안내해주어 구매로 유도한다. '그래, 요즘 이 정도 물건은 다들 하나씩 갖고 있잖아?' 하는 생각에, 딱히 사려던 것도 아닌 제품을 충동적으로 구매하도록 만드는 것이다.

실제로 소비자들 상당수는 새로운 제품이나 혁신적인 기능을 처음 접했을 때 쉽게 받아들이지 못하고 저항하는 경향을 보인다. 커뮤니케이션 학자 에버렛 로저스(Everett Rogers)는 이런 현상을 연구하고 혁신 확산 이론이라는 이론 도출했다. 이 이론에서는 '혁신적인 성향'에 따라 고객을 다섯 그룹으로 분류한다.

첫 번째 그룹은 이노베이터(innovator), 즉 혁신자로 새로운 제품에 제일 먼저 달려드는 사람들이다. 그 제품이 정말로 쓸 만한지, 앞으로 널리 확산될지 알지 못하면서 일단 사고 보는 사람들이다. 그 다음으로 혁신자의 움직임을 지켜보거나 미디어에서 신제품이 소개되는 것을 보고 구입하는 부류가 있는데, 이들을 얼리어답터(early adopter) 또는 조기 수용자라고 한다. 그 뒤를 잇는 다수자 그룹은 시기에 따라 초기 다수자(early majority)와 후기 다수자(late majority)로 다시 나누며 말 그대로 가장 많은 숫자를 차지한다. 그리고 가장 늦게, 살 만한 사람들은 다 사고 난 뒤에야 늦게 관심을 가지는 이들을 래거드(laggard), 다른 말로 지각 수용자라고 한다.

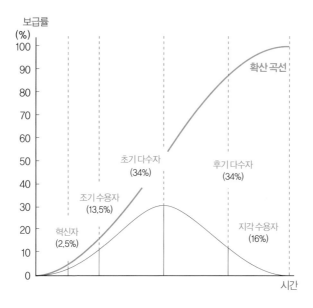

로저스의 혁신 확산 이론

보급률
(%)

확산 곡선

초기 다수자
(34%)

후기 다수자
(34%)

조기 수용자
(13.5%)

혁신자
(2.5%)

지각 수용자
(16%)

시간

이 사람들의 분포도를 그래프로 나타내면 대체로 정규분포를 따른다. 기업은 이 그래프의 어디를 노리느냐에 따라 마케팅 방법이 달라진다. 혁신자는 새로운 것을 좋아하는 사람들이어서 기본적으로 가격에 덜 민감하다. 가격이 비싸더라도 원하는 제품을 최대한 빨리 손에 넣는 것을 중요하게 생각한다. 그에 비해 조기 수용자는 가격도 어느 정도 신경을 쓴다. 만약 초기 다수자를 타깃 고객으로 한다면 가격 할인이나 광고, 판매촉진 등의 방법으로 수요를 끌어올릴 수 있다.

자파넷의 고객은 여기서 말하는 후기 다수자나 지각 수용자에 속한다. 아직까지 집에 컴퓨터가 없는 사람이라든가, 컴퓨터를 이제야 장만하려 하는데 자식들에게 부탁하기는 꺼려지는 경우가 여기에 해당한다. 자파넷은 이런 성향의 소비자들을 중요한 고객으로 여긴다. 말하자면 타깃 고객을 연령, 수입, 직업, 지역 등의 기준으로 구분하는 것이 아니라 구매 특성으로 나눈다는 이야기다.

경영 자원: 믿을 만한 목소리, 보는 재미, 독립된 스튜디오

많은 사람들이 사장의 화술을 자파넷의 인기 비결로 꼽는다. 이 쇼핑몰을 이용해본 적이 없는 사람들도 쇼핑몰의 사장이 누구인지 알고 있으며, 그가 텔레비전에서 상품을 설명하는 모습을 본 적이 있다고 답한다. 자파넷 사장의 화술은 다른 사람이 좀처럼 흉내 낼 수 없는 하나의 자산이다.

자파넷 사장은 약간 새된 목소리에, 사투리가 살짝 섞인 억양으로 이야기를 한다. 뭔가 투박한 듯한 어투가 도리어 '사람을 속이지 않을 것 같다'는 신뢰감을 준다. 제품 설명을 할 때도 기능과는 상관없는, 가까운 지인 사이에 나눌 법한 일상적인 팁을 공유하곤

사장을 위한 교양 MBA

한다. 예를 들어 비디오카메라를 광고한다면 대부분의 쇼핑호스트는 자녀의 학예회, 운동회, 졸업식, 입학식 등의 행사에 생생한 영상을 남기는 것이 얼마나 중요한지를 열심히 설명할 것이다. 그런데 자파넷 사장은 여기에 이런 정감 있는 사견을 덧붙인다.

"여러분이 자녀의 모습을 찍을 때 절대 놓쳐서는 안 되는 장면이 하나 있습니다. 바로 엄마 아빠의 모습입니다. 나중에 자녀가 성장해서 그 비디오 영상을 재생해본다면 가장 감명 깊은 장면은 바로 엄마 아빠의 젊은 시절 모습일 테니까요."

시청자들의 마음을 저절로 움직이게 만드는 그의 화술은 다른 업체가 흉내 낼 수 없는 이 회사만의 자산이다.

자파넷의 또 다른 강점은 제품의 가격이나 사양, 장단점 등을 초보자도 알기 쉽게끔 친절하고 분명하게 전달해준다는 점이다. 가령 디지털 카메라의 손떨림 보정 기능이라든가, 컴퓨터의 CPU가 인텔 i7이고 하드디스크 용량이 500기가바이트라든가 하는 사양은 시청자들이 잘 알지 못하거나 평소 큰 관심이 없던 부분일 수 있다. 이렇게 중요하지만 사람들이 잘 모르는 세세한 정보들을 자파넷은 쉽게 설명한다.

홈쇼핑 방송은 콘텐츠만으로 시청자를 끌어들이는 힘이 있어야 한다. 제품을 파는 채널이 굳이 재미있어야 하느냐고 반문하는 이들도 있겠지만, 다른 텔레비전 프로그램과 마찬가지로 홈쇼핑 채널도 시청률이 중요하다. 제품을 사지 않더라도 방송을 보는 사람이 늘어나면 시청률에 반영된다. 이렇게 그냥 보기만 하는 시청자들도 홈쇼핑 회사를 지탱해주는 중요한 존재다. 그런 측면에서 자파넷은 매력적인 콘텐츠와 단단한 시청률이라는 자산을 기본적으로 확보하고 있는 셈이다.

자파넷의 중요한 또 한 가지 자원은 독립된 스튜디오다. 회사가 스튜디오를 보유한 덕분에 자파넷은 방송을 직접 제작한다. 이 방식은 초기에 많은 비용이 들고 유지비도 상당하지만 무엇보다 '생방송'이라는 독보적인 이점을 누릴 수 있다. 생방송을 할 경우 녹화 방송을 송출할 때보다 판매량이 몇 배로 상승한다. 또한 시간 낭비 없이 연속으로 방송을 할 수 있다는 것도 타 채널과 비교할 수 없는 장점이 된다.

만약 스튜디오 없이 연속으로 생방송을 하려 한다면, 아침 9시부터 10시에는 A방송국의 스튜디오, 10시부터 11시에는 B방송국, 11시부터 12시에는 C방송국으로 찾아다녀야 할 것이다. 물론 불가능한 일이다. 자파넷의 경우 본사에 스튜디오를 두고 사장이 그곳에서 촬영을 하기에 시간 낭비 없이 생방송을 내보낼 수 있다.

스튜디오를 보유하면 방송 노하우를 사내에 고스란히 축적할 수 있다는 점 또한 자파넷이 방송을 직접 제작하는 이유일 것이다.

경쟁자: 대형 전문 매장과는 겨루지 않는다

앞서 언급했듯이 자파넷의 경쟁자로는 동네마다 있는 전자제품 소매점을 들 수 있다. 컴퓨터나 핸드폰 등을 전문으로 취급하는 쇼핑몰보다는, 당장이라도 갈 수 있는 집 근처 소매점이 자파넷의 경쟁자일 가능성이 높다.

주로 주인이 직접 운영하는 이런 매장의 특징은 가격이 저렴하지는 않지만 아주 친절하다거나 사용 방법을 자세히 설명해준다는 것이다. 사람들이 그 매장을 이용하는 이유이자, 가장 큰 이점이라 할 수 있다.

이 동네 매장들은 취급하는 상품의 가짓수가 그리 많지 않으며, 이곳을 찾는 손님들도 딱히 다양한 상품을 비교해달라고 요구하지 않는다. 디지털 카메라를 예로 들면, 정확히 염두에 둔 모델이나 기종이 있는 것이 아니라 어떤 브랜드 제품이든 그저 일안 반사식 카메라이기만 하면 괜찮다는 손님들도 많다. 그런 손님에게는 가장 적절해 보이는 제품을 추천하면서 "손님이 찾으시는 종류로는 이게 제일 좋습니다"라고 제안하는 편이 구매로 이어질 확률이 높다. 그런 점에서 보면 자파넷 역시 상품의 가짓수가 적지만, 그것이 약점이 아니라 장점으로 작용하는 측면도 있다.

자파넷의 경쟁자라 할 수 있는 동네 매장들은 자파넷에 비하면

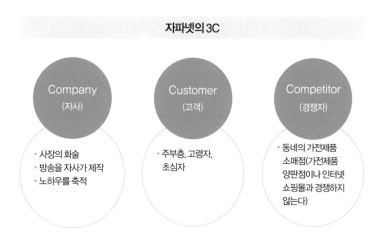

자파넷의 3C

Company
(자사)
- 사장의 화술
- 방송을 자사가 제작
- 노하우를 축적

Customer
(고객)
- 주부층, 고령자, 초심자

Competitor
(경쟁자)
- 동네의 가전제품 소매점(가전제품 양판점이나 인터넷 쇼핑몰과 경쟁하지 않는다)

가격이 더 비싼 곳들이 많다. 상품에 대한 설명 또한 섬세하지 못한 경우가 많다. 컴퓨터의 최신 사양이 무엇인지, 디지털 카메라의 손떨림 보정을 보디 쪽에서 하는지 렌즈 쪽에서 하는지 같은 지식을 전부 갖추기가 어렵기 때문이다.

대형 양판점과 비교하면 자파넷이 가격이나 상품의 가짓수 측면에서 불리할 테지만, 직접적인 경쟁자인 동네 매장과 비교할 때는 분명히 우위가 있다고 볼 수 있다. 고객들은 자파넷이 '동네 소매점의 서비스를 양판점의 가격으로 제공해준다'라고 인식할 가능성이 높다.

당신의 고객은 어떤 상황에서 지갑을 여는가?

다음으로 마케팅 4P를 바탕으로 자파넷의 전략을 분석해보고자 한다.

제품: 누구나 알 만한 물건만 취급한다

자파넷 상품의 특징 중 하나는 사람들에게 잘 알려진 내셔널 브랜드(전국적인 시장수용성을 확보한 제조업자의 브랜드-옮긴이)를 취급한다는 것이다. 일부 브랜드는 자파넷용으로 오리지널 사양을 만들기도 한다. 이렇게 되면 소비자 입장에서는 신용을 이중으로 담보해주는 느낌이 든다.

　다른 홈쇼핑 방송에서 흔히 볼 수 있는 '남태평양산 11밀리미터 사이즈 목걸이', '유럽 어느 부티크 디자이너의 핸드메이드 코트' 같은 것은 자파넷에서 찾아볼 수 없다. 사실 소비자들은 흑진주의 가치가 어느 정도인지, 11밀리미터이면 큰 축인지 작은 축인지 가늠하기 어렵다. 외국에서는 유명한 디자이너라지만, 실제로 그 사람의 인지도나 제품의 품질을 확신하기 힘들다. 내셔널 브랜드가 아닌 이런 프라이빗 브랜드(소매업자가 독자적으로 기획해서 발주한 제품에 해당하는 스토어 브랜드-옮긴이)들은 소비자 입장에서 100퍼센트 신뢰하기가 어렵다.

　그런 점에서 자파넷이 취급하는 특정 내셔널 브랜드의 제품들은 그 상품이 어떤 것인지, 상품을 만든 회사가 믿을 수 있는 곳인지 굳이 설명할 필요가 없다.

가격: 고객이 지갑을 흔쾌히 열 만한 가격 정책

자파넷에서 판매하는 상품의 가격은 아주 저렴하지도, 그렇다고 비싸지도 않은 수준이다. 동네의 가전제품 소매점과 비교하면 훨씬 싸지만, 대형 가전 양판점에 비해서는 제품의 가격대가 확실히 더 높다.

자파넷이 저렴한가 아닌가의 기준은 고객이 누구냐에 따라 달라진다. 자파넷 채널을 보다가 '어, 이 제품 괜찮은데?' 싶다가도 인터넷으로 가격 비교를 해보면 대개 최저가는 아니다. 그렇기에 인터넷으로 꼼꼼이 최저가를 따지는 젊은층에게 자파넷은 저렴한 매장이라 할 수 없다. 하지만 전자 기기를 늘 동네 상점에서 직접 보고 사던 사람에게는 자파넷의 가격도 충분히 매력적이다.

자파넷은 최저가를 무기로 삼는 회사는 아니지만, 장기 무이자 할부 정책으로 소비자들의 부담을 줄여준다. 어떻게 보면 처음부터 제품 가격에 수수료가 포함되어 있다고 볼 수도 있다. 어쨌든 물건을 사는 입장에서 60만 원짜리 텔레비전을 60개월 할부로 살 수 있다는 것은 충분히 혹할 만한 조건이다. 한 달에 만 원으로 텔레비전을 사는 셈이니 말이다.

자파넷의 가격 정책은 단순히 저렴하게 파는 것이 아니라 '구매의 허들이 낮아지도록', 그리고 '지갑을 열기 쉽도록' 만드는 것이다.

사실 자파넷의 가격 정책은 소비자뿐 아니라 제품 공급자 입장을 여실히 반영한다. 어떤 회사든 자사의 브랜드 가치가 유지되기를 강력하게 희망한다. 하지만 제품이라는 것이 회사가 책정한 가격에 모두 잘 팔리는 것이 아니다. 디지털 카메라의 경우는 반년에 한 번, 컴퓨터는 3개월에 한 번씩 새로운 모델이 출시되는데, 어떤 모델은 그리 인기가 없어서 재고가 쌓이곤 한다. 이때 기업들은 고민에 직면한다. 브랜드 가치를 유지하기 위해서는 무턱대고 제품 가격을 낮출 수 없다. 어느 순간 '싸구려 브랜드'라는 인식이 생길 수도 있기 때문이다. 팔리지 않고 남은 상품들은 폐기를 하거나, 혹은 적당한 곳에 몰래 처분하는 방법밖에 없다.

그럴 때 구원자 역할을 하는 곳이 바로 자파넷이다. 자파넷은 제품을 주로 세트로 묶어 판매하는데 이러면 상품 하나하나의 가격을 알 수 없게 된다. 컴퓨터를 예로 들면, 컴퓨터 본체와 프린터와 디지털 카메라가 각각 얼마인지 알 수 없게 되는 것이다. 세 회사 모두 제품을 땡처리한다는 인상을 주지 않고도 처리 곤란한 상품을 자연스럽게 처분할 수 있다.

자파넷의 주특기인 보상 판매도 일종의 할인 정책에 속한다. 자파넷은 도저히 쓸 수 없게 된 냉장고나 세탁기, 디지털 카메라 등을 보상 판매로 회수한다. 전원이 들어오지 않는 카메라도 상관없다. 어떤 물건이든 따지지 않고 받아준다. 그렇기에 자파넷의 보상 판매는 실질적으로 할인 정책이라 할 수 있다. '할인' 대신 '보상 판매'라는 루트를 통해서 덤핑을 피하는 것은 이미지를 중시하는 제조사로서 상당히 고마운 시스템이다.

자파넷용 오리지널 상품을 투입하는 것 역시 가격을 평가하기 어렵게 만드는 요소다. 소비자들이 해당 제품을 모델명으로 검색해보아도 다른 곳에서는 팔지 않기 때문에 정보를 알 수가 없다.

이처럼 제조사들에게 자파넷은 잘 팔리지 않는 상품을 처리해주는 고마운 채널이다. 이것은 거꾸로 말하면 아주 잘 팔리는 히트 상품은 자파넷에 제공할 필요가 없다는 의미이기도 하다. 히트 상품은 어차피 양판점에서 날개 돋친 듯이 팔려나간다. 이는 자파넷의 상품을 조금만 자세히 들여다보아도 알 수 있는 사실이다. 다양한 브랜드가 포진되어 있지만 그 시기에 가장 잘 팔리는 모델은 자파넷에서 거의 찾아볼 수 없다. 하지만 초보자들로서는 현재 가장 인기 있는 모델과 거의 비슷한 사양, 동일한 기능의 제품을 훨씬 저렴한 가격에, 그것도 신뢰할 만한 루트로 구매할 수 있다면 그것으로 충분하다.

프로모션: 초보자들이 끌릴 만한 '세트'의 매력

자파넷은 프로모션 측면에서도 상당히 능숙한 방식으로 이야기를 진행한다. 자파넷은 시작부터 가격을 공개하기보다 시청자가 '대체 얼마지?'라고 궁금해하게끔 유도한 다음에 가격을 말해주는 방법을 종종 사용한다. 그 단계에서 이미 '이 정도면 싸네'라고 생각하는 사람이 생겨나는데, 거기에서 보상판매로 10만 원을 할인해주고, 다시 5만 원을 캐시백으로 제공하는 식이다. 이쯤 되면 왠지 안 사면 손해라는 생각이 들 정도다.

자파넷의 중요한 프로모션 방법 중 하나는 앞서 이야기한 '세트 판매' 방식이다. 예를 들어 컴퓨터라면 컴퓨터와 프린터, 디지털 카메라, 메모리 카드, 와이파이 중계기를 묶어서 하나의 세트로 판매한다. 컴퓨터를 처음 사는 사람에게는 상당히 매력적인 판매 방식이다. 필요한 것이 전부 들어 있어서 추후에 무언가를 계속 구입해야 하는 필요를 덜어주기 때문이다. '컴퓨터를 장만하려는데 뭘 사야 할지 모르겠다', '어떤 조합이 좋은지 알 수가 없다'라는 사람들에게, 세트 판매 방식은 '이 세트면 웬만한 작업은 모두 할 수 있다'는 안도감을 준다.

하지만 컴퓨터 구매가 처음이 아닌 사람에게는 이런 세트 판매가 그리 달갑지 않다. 컴퓨터를 최신형으로 교체하려는 사람은 컴퓨터만 업그레이드하고 싶을 뿐, 이미 가지고 있는 프린터와 디지털 카메라는 새로 살 필요를 못 느낄 것이다. 설령 프린터도 함께 교체한다 하더라도 본인이 직접 스펙을 따지면서 고르길 원하는 사람이 대부분이다. 디지털 카메라도 그렇다. 사람마다 선호하는 제조사가 있을 것이고, 원하는 해상도 수준도 다를 것이다. 어떤 사람은 야간 촬영 기능이 필요할 것이고, 움직이는 물체를 정확히 포착하는 기능을 원하는 사람도 있다.

그런 점에서 자파넷이 세트 판매를 주력으로 한다는 사실은 타깃 고객층을 디지털 초보자로 압축하고 있다는 의미일 것이다.

유통: 점포 없이 통신판매만으로

4p의 마지막, 유통 채널은 자파넷의 경우 명확하다. 통신판매만

마케팅의 4P

Product(제품)	Price(가격)
• 내셔널 브랜드 • 상품의 가짓수를 압축 • 비인기 제품도 취급 • 오리지널 상품	• 대형 양판점보다 비싸지만 동네 소매점보다는 싸다 • 무이자 할부, 보상 판매 등을 통해 구매 허들을 낮춘다

Promotion(판매촉진)	Place(유통)
• 자세한 이용 방법을 먼저 제안 • 세트 판매 방식으로 디지털 기기 초보자들에게 충족감을 선사 • 충동 구매 유도	텔레비전, 라디오, 인터넷, 카탈로그, 신문 전단지

을 하기 때문에 점포는 존재하지 않는다. 프로모션의 매체로 텔레비전과 라디오, 전단지, 인터넷 등을 두루 이용하지만 점포는 보유하지 않는다.

지금까지 살펴보았듯이 자파넷은 타깃 고객에게 특화된 콘텐츠를 제작하는 노하우가 있으며, 어떤 식으로 가격을 제시해야 시청자들이 반응하는지를 축적된 경험을 통해 파악하고 있다. 자파넷의 방식은 누구에게나 효과를 발휘하지는 않지만 적어도 타깃 고객의 필요와 욕구를 순발력 있게 채워준다. 이런 맞춤형 전략과 소구 방식이 업계 1위 홈쇼핑 업체라는 성과를 불러왔을 것이다.

지난번에 들어맞은 전략이라고
지금도 맞는 건 아니다

'좋은 전략'이 아닌 '맞는 전략'인가를 살피라

지금까지 자파넷이 성장한 이유를 4P와 3C를 기반으로 생각해보았다. 여기서 기억해야 할 것은 자파넷의 방식이 좋은가, 혹은 나쁜가가 아니다. 전략에서 정말 중요한 것은 '그 상황에 맞는가'이기 때문이다. 고객이 누구이고, 그 고객이 무엇을 원하고, 여기에 부응해 무엇을 제공할 수 있으며, 그것이 경쟁 상대에 대해 어떤 우위성 또는 차별화로 이어지는가? 이것을 하나의 틀로 묶어 완성하는 것이 가장 중요하다.

자파넷은 이노베이터나 얼리어답터를 크게 염두에 두지 않는다. 이들이 만족할 만한 가격을 제시하지도, 혹할 만한 상품 라인업을 군이 갖추지도 않는다. 그들은 어차피 자파넷에서 물건을 사지 않을 것을 잘 알고 있기 때문이다. 대신 남들에 비해서는 늦었지만 이제라도 슬슬 디지털 기기를 장만하려 하는 사람, 새것으로 바꾸고 싶은데 대형 양판점에 가기는 부담스러워하는 사람들을 노린다.

'잘 알지도 못하면서 전문 매장에 섣불리 들어섰다가 점원의 권유에 넘어가서 필요도 없는 물건을 덜컥 사게 되는 것은 아닐까?'

이런 걱정을 하는 사람들에게 자파넷은 적당한 선택지가 된다. 초보자도 이해할 수 있게끔 친절히 설명해주며, 좋은 브랜드 제품들을 적당한 가격에 제시한다. 특히 자파넷의 세트 구성은 초보자들에게 '이 정도면 이제 갖출 건 다 갖췄다'라는 안도감을 준다.

한 번 들어맞은 전략은 계속 유지되지 않는다

자파넷은 지금까지처럼 앞으로도 지속적으로 성장할 수 있을까?

가장 먼저 생각해보아야 할 문제는 타깃으로 삼고 있는 고객층이 점점 줄어들고 있다는 점이다. 로저스의 혁신 확산 이론에서는 정규분포의 오른쪽 절반이 시장의 약 50퍼센트라고 말한다. 여기에 따르면 후기 다수자나 지각 수용자들의 규모가 상당하다고 볼 수 있겠지만, 지금처럼 정보가 넘쳐나는 시대에는 이 사람들도 자파넷보다 더 저렴한 업체를 금방 알아낼 수 있게 될 것이다.

자파넷이 팔기 좋은 상품들이 앞으로도 계속 나와줄 것인지도 생각해볼 문제다. 지금까지 자파넷은 비디오카메라, DVD 플레이어, 액정 텔레비전, 컴퓨터, 디지털 카메라 등 그 시대에 열풍을 일으킨 상품들을 취급해왔다.

한때는 컴퓨터만 집중적으로 팔기도 했지만 최근에는 컴퓨터 판매가 시들해졌다. 컴퓨터의 보급률이 너무 높아져서 살 만한 사람들은 이미 거의 다 구입을 했다고 보아도 좋을 것이다.

여기에 회사의 규모는 점점 커져서 2010년에는 연간 매출액이 약 1,600억 엔(약 1조 8,000억 원)에 이르렀다. 앞으로도 계속해서 성장하기 위해서는 200억 엔, 300억 엔어치를 팔 수 있는 핵심 상품이 등장해야 하는데 그것이 가능할지는 알 수 없는 일이다.

자파넷이 사장 개인의 역량이 크게 의존한다는 점도 우려가 된다. 사장이 출연했을 때와 다른 쇼핑호스트가 출연했을 때의 매출 차이는 상당히 크다. 물론 회사 차원에서 후계자를 키우려는 노력을 하고 있을 테지만, 창업자 고유의 스타일과 매력에 익숙해진 시청자들이 새로운 진행자에게 쉽게 적응할 수 있을지는 아직 알 수 없다.

다시 말하지만 모든 전략은 정합성, 즉 '상황에 맞느냐'가 성패를 좌우한다. 또한 한 번 성공한 전략이 이후의 상황에서도 계속해서 정합성을 유지한다는 보장은 없다. 새로운 상황에 들어맞는 새로운 전략을 끊임없이 고민하는 기업만이 계속해서 앞으로 나아갈 수 있다.

MBA BASICS FOR THE BOSS

가장 강력한 전략은 남들이 알면서도 못하는 전략

저가 항공의 최강자,
사우스웨스트 항공의 청개구리 전략

가장 강력한 전략은, 남들이 알면서도 못하는 전략

경영자들은 누구나 다른 회사와의 차별화를 생각한다. 어떻게 가격을 낮출 것인가? 어떻게 서비스를 향상시킬 것인가? 고객이 무엇을 좋아할지, 무엇을 사줄지 궁리한다. 즉, 그 회사만의 가치를 추구한다.

그러나 좋은 것을 더 싸게 파는 것만으로는 경쟁우위를 지속적으로 유지할 수 없다. 아무리 좋은 비즈니스 모델을 만들어낸들 쉽게 모방할 수 있는 것이라면 속속 등장하는 라이벌에게 언젠가는 밀려나고 말 것이다. 따라서 비즈니스가 지속적으로 성공하기

사장을 위한 교양 MBA

위해서는 모방하기 힘들어야 한다.

다른 회사가 모방할 수 없는 비즈니스 모델은 그야말로 강력하다. 이번 장에서는 '알면서도 따라 하기 힘든' 독보적인 비즈니스 모델을 보유한 사우스웨스트 항공의 이야기를 해보려 한다.

사우스웨스트 항공은 LCC(Low Cost Carrier)라고 불리는 저가 항공사의 선구자다. 미국에 산다면 한 번쯤은 타게 될 만큼 유명한 회사다. 이 사우스웨스트 항공이 대단한 점은 지속적인 성공을 거두고 있다는 사실이다. 운항을 시작한 이듬해인 1972년부터 지금까지 줄곧 흑자를 기록하고 있다. 규모가 큰 항공사 가운데 이렇게 오랫동안 흑자를 이어나가고 있는 곳은 사우스웨스트 항공이 유일하다. 사우스웨스트 항공은 미국의 국내선에 특화한 항공사임에도 2008년도에 매출액이 11조 원을 넘겼으며, 연간 운송 승객 수는 세계에서 가장 많은 약 1억 명에 달한다.

다음 페이지의 그래프는 미국 주요 항공사들의 영업 이익률 추이를 나타낸 것이다.

사우스웨스트 항공 이외의 대형 항공사는 2001년 9월 11일 미국에 동시 다발 테러가 발생한 뒤 영업 이익률이 크게 감소했다. 급기야 델타 항공은 2005년에 파산했고 구조조정을 거친 이후 2010년에 역시 파산한 노스웨스트 항공과 합병했다. 콘티넨털

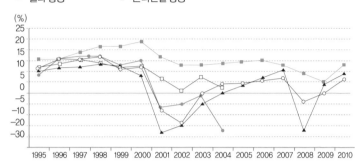

대형 항공사의 실적 비교(영업 이익률)

- ■ 사우스웨스트 항공
- ○ 아메리칸 항공
- ▲ 유나이티드 항공
- ● 델타 항공
- □ 콘티넨털 항공

(%)

1995 1996 1997 1998 1999 2000 2001 2002 2003 2004 2005 2006 2007 2008 2009 2010

* 출처: 각사의 연차보고서

** 델타 항공은 2005년에 연방 파산법 제11장의 적용을 신청. 콘티넨털 항공은 2010년에 유나이티드와 합병

항공도 2008년에 적자로 전환된 뒤 2010년에 유나이티드 항공과 합병 절차를 밟았다. 2011년에는 아메리칸 항공이 파산했다. 업계 전체가 위기를 겪는 암울한 상황에서 유일하게 사우스웨스트 항공만이 흑자를 지속하고 있다.

낮은 운임, 높은 이익률이 가능한 이유

저가 항공사는 말 그대로 낮은 운임을 바탕으로 하기 마련인데,

사장을 위한 교양 MBA

항공사의 운항 비용 비교

131	107	98	97	97	89	62	50
US에어웨이즈	유나이티드 항공	아메리칸 항공	콘티넨털 항공	노스웨스트 항공	델타 항공	사우스웨스트 항공	제트블루 항공

* 숫자는 1인마일(한 사람의 승객을 1마일 운송할 때의 단위)당 운항 비용(2003년)
** 대형 항공사의 평균값 = 100. 막대그래프의 너비는 2003년 매출 규모를 나타낸다
*** 출처: 《미래 기업의 조건》(클레이튼 크리스텐슨, 스콧 앤서니, 에릭 로스 저)

사우스웨스트 항공은 의외로 이익률이 높다. 자기자본이익률(ROE, 투입한 자기자본이 얼마만큼의 이익을 냈는지를 나타내는 지표)은 평균 약 30퍼센트 정도로, 미국 항공업계 평균의 약 두 배에 달한다.

사우스웨스트 항공의 이익률이 다른 회사보다 높은 이유는 운항 비용이 저렴하기 때문이다. 대형 항공사의 평균 운항 비용을 100이라고 하면 아메리칸 항공은 98, 사우스웨스트 항공은 62에 그친다. 운항 비용이 아메리칸 항공의 60퍼센트 수준이라는 뜻이다.

사우스웨스트 항공은 독특한 전략으로 운항 비용을 이렇게까지 낮출 수 있었다. 다른 대형 항공사는 허브앤스포크(Hub and Spoke)라 부르는 운항 방식을 적용한다. 대도시에 허브 공항이라고 부르는 거점 공항을 두고 그곳에서 작은 도시의 공항으로 여객기를 띄우는 방식이다. 일단 허브 공항에서 승객을 모은 다음, 작은 도시로 가는 항공편으로 환승시킨다. 미국은 토지가 광대하고 중소 규모의 도시도 많기 때문에 모든 도시에 직항편을 운항하려 하면 운항 관리가 매우 복잡해지고 변동하는 수요에 영향을 받기도 쉬워진다. 그래서 다른 대형 항공사들은 허브앤스포크 시스템을 채택하는 것이다. 허브 공항을 두는 것은 국제선과 접속하기 용이하다는 점에서도 합리적이다.

그런데 사우스웨스트 항공의 전략은 전혀 다르다. 이 회사는 두 도시 사이를 직행하는 시스템인 포인트투포인트(Point to Point) 방식을 도입했다. 1971년에 운항을 개시했을 때 제일 먼저 텍사스 주의 댈러스와 휴스턴, 샌안토니오를 각각 직항편으로 연결했으며, 현재는 항공망을 미국 전역으로 확대해 수많은 도시에 직항편을 띄우고 있다. 가령 댈러스와 로스앤젤레스 구간의 경우, 아메리칸 항공은 하루에 열다섯 편 정도를 운항하는 데 비해 사우스웨스트 항공은 대략 40편을 운항한다. 사우스웨스트 항공의 운임은 매우 저렴해서, 본사에서 같은 텍사스 주 내로 운항할 경우 20달러 정도면 이용할 수 있다.

사우스웨스트 항공의 또 다른 전략은 중간 규모 공항을 거점으로 삼는 것이다. 대도시의 주요 공항은 대형 항공사들이 슬롯(이·착륙 가능 시간)을 독점하고 있어서 작은 항공사들은 원하는 시간대에 뜨고 내리기가 힘들다. 그래서 사우스웨스트 항공은 주요 공항이 아닌 중간 규모의 공항을 거점으로 삼는다. 지방 도시 사이의 노선은 사우스웨스트 항공이 60퍼센트가 넘는 점유율을 확보하고 있다.

버스처럼 쉽게 갈아타는 비행기

사우스웨스트 항공의 창업자 허브 켈러허(Herb Kelleher)는 변호사 출신으로, 항공업계의 혁신가로 불린다. 허브앤스포크라는 항공업계의 오랜 불문율을 깨뜨린 그는, 이 방식이 항공사에게만 효율적일 뿐 승객에게는 불편할 따름이라고 판단했다.

허브앤스포크 시스템에서는 수많은 승객들이 모두 허브 공항에서 환승해야 한다. 예를 들어 대형 항공사를 이용해 텍사스 주의 오스틴에서 인근의 코퍼스크리스티에 갈 경우, 일단 허브 공항인 휴스턴으로 간 다음 그곳에서 코퍼스크리스티행 여객기에 환승해야 한다. 이것이 상당히 번거롭다는 사실을 인식한 사우스웨스트 항공은 오스틴과 코퍼스크리스티를 연결하는 직항 노선을 개설했고, 이것이 성공을 거두었다.

대형 항공사들이 허브앤스포크 시스템을 도입하게 된 계기는 1970년대 후반에 지미 카터 대통령이 추진한 항공업계의 규제 완화였다. 그 전까지 미국에서는 항공사의 신규 진입이 거의 불가능했는데, 카터 대통령은 높은 수준을 유지하던 항공 운임이 하락할 것을 기대하며 자유화 정책을 추진했다. 이에 대형 항공사들은 경쟁이 격화될 것에 대비해 허브앤스포크 전략을 축으로 경영 합리화를 빠르게 진행했고, 이것이 당시 후발 기업이었던 사우스웨스트 항공에게 기회가 되었다.

규제가 완화되기 전까지는 설령 주내 노선이라 해도 신규 진입이 엄격히 제한되었다(규제 완화 후에 비로소 주의 경계선을 넘나드는 노선에 신규 진입이 허가되었다). 사우스웨스트 항공은 1967년에 창업했지만 운항을 개시한 해는 1971년이다. 신규 진입을 막으려하는 기존 항공사와 법정 다툼을 하느라 시간이 지체된 탓이다. 사우스웨스트 항공은 이처럼 삭막한 환경에서 사업을 시작했지만, 이것은 결과적으로 사우스웨스트의 방식을 흉내 내는 벤처 기업이 등장하지 못하는 이유가 되었다.

사우스웨스트가 도입한 포인트투포인트 전략은 허브앤스포크에 비해 여러 가지 이점이 있다. 허브앤스포크의 경우, 승객들이 허브 공항에서 환승을 해야 목적지에 갈 수 있다. 만약 여객기가 허브 공항에 늦게 도착하면 환승편은 어쩔 수 없이 기다려야 한다. 그러나 포인트투포인트 시스템이라면 그럴 필요가 없다. 승객이 다른 항공사의 여객기에서 사우스웨스트 항공의 여객기로 갈아탈 예정이었다 해도 이 항공사는 연착된 여객기를 기다려주지 않는다. 그래도 문제가 되지 않는 것이, 사우스웨스트 항공은 전석이 자유석이고 하루에도 수많은 여객기를 운항하기 때문이다. 그냥 다음에 출발하는 여객기를 타면 그만이다.

다른 회사의 여객기를 기다리지 않는 대신 사우스웨스트 항공의 여객기는 시간표대로 움직인다. 미국에서 시간을 가장 엄수하는 항공사이기에, 출장으로 이동하는 사람들에게는 아주 고마운 비행기로 꼽힌다.

사우스웨스트는 타 항공사뿐만이 아니라 자동차도 경쟁 상대로 간주했다. 캘리포니아 주의 면적은 웬만한 나라보다도 넓지만, 미국인들은 주의 북쪽에서 남쪽까지 아무렇지도 않게 자동차로 이동한다. 그래서 사우스웨스트 항공은 자동차를 이용할 때보다 더 저렴하게 운임을 책정하고자 했다.

최단 '턴 시간'을 위하여

사우스웨스트 항공이 운영하는 여객기 기종은 단 하나, 보잉737 모델뿐이다. 이 기종만 무려 700기 이상을 보유하고 있다. 이것이 바로 사우스웨스트 항공이 '최단 턴 시간'을 확보할 수 있는 이유다. 비행기가 도착해서 다시 이륙할 때까지의 시간을 '턴 시간'이라고 하는데 대형 항공사의 평균이 대략 40분인 데 비해 사우스웨스트 항공은 15분이라는 턴 시간을 자랑한다. 기종을 하나로 특화했기 때문에 정비에 필요한 기계나 설비를 최소한으로 운영할 수 있고, 정비사도 보잉737 하나의 기종에 대해서만 숙지하면된다. 같은 기체를 수없이 정비하므로 숙련도가 높아져 정비 시간도 짧아진다.

또한 사우스웨스트 항공에서는 기내식을 제공하지 않는다. 주스를 컵에 따라주는 서비스조차 없어서, 승객들이 좌석에 앉으면 승무원이 캔 주스와 땅콩을 준다. 기내식이 없으므로 대형 항공사처럼 갤리(조리실)를 설치할 필요가 없고, 또 정비하는 사이에 분주히 기내식을 싣지 않아도 된다.

환승 승객을 위한 수화물 전송 서비스(트랜스퍼)도 없다. 대형 항공사의 경우 다른 항공사에서 화물이 도착하기를 기다려야 하기 때문에 시간이 그만큼 소요된다. 사우스웨스트 항공은 그런 대기 시간이 없는 까닭에 15분이 지나면 이륙할 수 있는 상태가 된다.

공항에서 대기하는 시간이 짧다는 것은 여객기를 더 많이 운행할 수 있다는 뜻이다. 한 시간짜리 비행 노선의 경우, 다른 항공사가 다섯 편을 운항하는 동안 사우스웨스트는 일곱 편을 운항할 수 있다. 이렇게 높은 가동률이야말로 낮은 운임을 실현할 수 있는 비결이다.

즐거운 잔소리꾼 직원들

항공 관제사들 사이에서 사우스웨스트의 파일럿은 '잔소리꾼(requester)'으로 불린다. 정시 운행을 실현하기 위해 좀 더 직선에 가까운 항로, 좀 더 효율적인 고도를 관제사에게 계속해서 요청하기 때문이다. 이들은 연료 소비량을 줄이기 위한 비행 방법을 끊임없이 궁리한다. 사우스웨스트의 직원들은 더 빠르고 효율적인 비행이라는 목적을 늘 염두에 두며, 이를 위해 서로의 역할을 넘나들기도 한다. 파일럿은 출발 전에 수화물 싣는 것을 도우며, 승무원들이 기내 청소를 담당하는 식이다.

사우스웨스트 항공은 단순히 저렴하기만 한 것이 아니라 고객 만족도가 높은 항공사로도 유명하다. 정시 운항, 화물 분실률 최소, 클레임 건수 최소라는 '3관왕'을 자랑하는데, 어찌 생각해보면 당연한 일이다. 화물 분실은 대개 환승할 때 일어나는데, 사우스웨스트는 다른 여객기에서부터 화물을 전송하는 서비스가 없으므로 분실이 발생할 일이 없다. 또한 다른 여객기의 도착을 기다리지 않고 기내식도 준비하지 않으며 정비 시간이 짧으므로 정시 운항이 가능하다. 그 결과 클레임도 적을 수밖에 없다.

이 항공사는 또한 '펀(FUN) 경영'을 하는 것으로 잘 알려져 있다. 창립 초기에는 승무원 유니폼이 핫팬츠였을 정도로 벤처 문화를 줄곧 견지해왔다. 지금도 직원들 중에는 밴드나 치어리더 출신이 많다고 한다. 특히 사우스웨스트의 기내 방송은 승객들이 배꼽을 잡을 만큼 유머러스한 것으로 유명하다. 여기에는 '재미있는 연출이 없다면 저가 항공사는 궁상스러워진다'라는 창립자 켈러허의 신념이 반영되어 있다.

사우스웨스트 항공의 사풍은 '사원을 소중히 여긴다'라는 것이다. 창업 초기에 세 명을 일시 해고한 뒤로는 직원을 해고한 적이 한 번도 없다(그 세 명은 훗날 재고용했다). 경영진은 '고객 제2주의', 즉 '사원 제일주의'를 내걸고 있다. 덕분에 미국의 회사 중에서도 보기 드물 정도로 사원 정착률이 높다. 일반적으로 급여가 낮은 것이 저가 항공사의 숙명인데, 사우스웨스트의 급여는 그리 나쁘지 않은 것으로 알려져 있다.

왜 사우스웨스트를
흉내 낼 수 없는가?

특허 없이도 모방을 완전히 차단하다

사우스웨스트 항공이 뚜렷한 전략과 시스템으로 이렇게 큰 성공을 거두었는데, 왜 다른 항공사들은 흉내 내려 하지 않는 것일까? 사우스웨스트는 무려 40년 동안이나 '아무도 모방하기 힘든 시스템'을 지켜내고 있다. 이 항공사의 경영 시스템에 특허는 없으며, 회사의 전략이 무엇인지도 잘 알려져 있다. 그런데 그대로 따라 하려는 회사가 왜 없을까?

실상 '특허'의 유무는 여기서 중요한 문제가 아니다. 특허란 시간을 늦출 수 있을 뿐 의외로 쉽게 무너지는 장벽이기 때문이다.

가령 제록스는 주변 특허까지 포함해 수백 건이나 되는 특허로 복사기의 모방을 철통같이 방어했지만, 10년도 지나지 않아서 캐논이 복사기를 만들기 시작했다.

사우스웨스트 항공의 독특한 점은 저가 항공사이면서도 가격경쟁으로 소모전을 벌이지 않는다는 데 있다. 운임이 저렴해도 충분히 수익을 낼 수 있는 비즈니스 모델을 갖추고 있으며, 그것을 다른 회사는 쉽게 흉내 내지 못한다.

얽히고설킨 전략 요소들

타사가 사우스웨스트를 흉내 내기 힘든 가장 근본적인 이유는 비즈니스를 구성하는 각 요소가 서로 강력하게 얽혀 있다는 점이다.

다음 페이지의 그림은 마이클 포터(Michael E. Porter)가 고안한 활동시스템 지도(acti vity system map)를 사우스웨스트 항공사에 대입한 것이다.

지도 속에 배치된 각 요소 가운데 네모 칸은 고객의 시선에 비치는 서비스의 특징이나 강점이고, 육각형은 사내에 축적할 수 있는 노하우나 시스템, 즉 자원을 가리킨다.

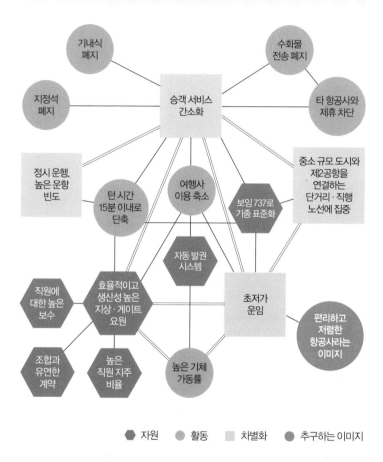

사우스웨스트 항공의 활동시스템 지도

기내식
폐지

수화물
전송 폐지

지정석
폐지

승객 서비스
간소화

타 항공사와
제휴 차단

정시 운행,
높은 운항
빈도

턴 시간
15분 이내로
단축

여행사
이용 축소

보잉 737로
기종 표준화

중소 규모 도시와
제2공항을
연결하는
단거리·직행
노선에 집중

자동 발권
시스템

직원에
대한 높은
보수

효율적이고
생산성 높은
지상·게이트
요원

초저가
운임

편리하고
저렴한
항공사라는
이미지

조합과
유연한
계약

높은
직원 지주
비율

높은 기체
가동률

⬡ 자원　　● 활동　　■ 차별화　　● 추구하는 이미지

맨 위 네모 칸의 '승객 서비스 간소화'를 시행할 경우 기내식 등의 서비스가 폐지되고 지정석이 사라지며 수화물 전송이나 다른 항공사와 제휴도 하지 않기 때문에 언뜻 불편해 보일 수 있다. 하지만 그만큼 운임이 저렴하기 때문에 승객들은 수긍한다. 무엇보다 출발 · 도착 시간을 엄수한다는 강점이 강력하기 때문에 다른 불편한 문제들을 상쇄한다.

그 배경에는 중간 규모 도시의 제2공항을 연결하여 단거리 직행 노선에 집중한다는 특화 전략이 자리한다. 이를 통해 사우스웨스트 항공의 위치는 명확해진다.

중요한 것은 '무엇을 하느냐'가 아니라 '무엇을 하지 않느냐'다. 사우스웨스트는 국제선 운항을 하지 않기 때문에 현재의 시스템을 구축할 수 있었다. 기체를 보잉737로 통일한 전략이 위력을 발휘한 것도 국내선, 중간 규모 도시 운행에 특화한 덕분이다. 국제선이나 주요 노선을 보유하고 있는 대형 항공사는 그 캐시카우(수익창출원)를 버리지 않는 한 보잉737기로 특화하지 못한다. 따라서 정비 시간을 말처럼 쉽게 단축할 수 없다.

실상 대형 항공기를 운항하는 항공사들은 퍼스트클래스나 비즈니스클래스에서 이미 큰 수익을 얻고 있다. 그동안 쌓아왔던 고급스러운 이미지가 있는데, 하루아침에 전석을 자유석으로 만들고 기내식도 제공하지 않는 것은 자칫 브랜드 이미지를 훼손하는 결과를 낳을 수 있다. 그래서 대형 항공사들이 저가 전략을 불쑥 도입하기란 어려운 일이다.

보잉737을 도입한다고 누구나 사우스웨스트가 될 수는 없다

사우스웨스트 항공은 단순히 저렴하기만 한 것이 아니라 운항 빈도가 높다. 그래서 '15분 정비 시스템'이 성립할 수 있는 것이다. 만약 어떤 항공사의 여객기가 로스앤젤레스를 출발해 샌프란시스코에 도착했다가 다음날 아침에 다시 로스앤젤레스로 돌아오도록 비행 일정이 잡혀 있다고 해보자. 이 비행기를 굳이 15분 만에 정비를 끝낸들 큰 의미가 없다. 운항 빈도를 끌어올리지 않는 한 아무리 정비 시간을 단축해도 가동률 상승으로 이어지지 않기 때문이다. 대폭적인 비용 절감은 실현할 수가 없다.

다시 말해 사우스웨스트 항공을 흉내 내 보잉737 여객기를 한두 기만 운항해서는 똑같은 이점을 결코 얻을 수 없다는 이야기다. 그렇다고 다른 항공사들이 지금까지 운항하던 대형 항공기를 전부 포기하고서 운항 빈도를 높일 수도 없는 노릇이다.

또한 어떤 저가 항공사가 "앞으로 저희 항공사는 중간 규모 도시의 제2공항을 연결하는 데 집중하겠습니다"라고 선언하더라도 그 수많은 노선을 단번에 보유할 수는 없다. 사우스웨스트처럼 잦은 빈도로 비행기를 띄우려면 먼저 공항의 슬롯을 확보해야 하는데, 그러기 위해서는 많은 시간이 걸린다. 사우스웨스트 항공은 30년 이상에 걸쳐 중소 항공사를 인수하는 등의 방법으로 슬롯을 차근차근 확보해왔다.

한편으로 정비 시간 단축을 실현하기 위해 사우스웨스트 항공은 사원 제일주의라는 독자적인 기업 문화를 양성했다. 또한 수십 년에 걸쳐 지상 및 게이트 요원들을 훈련한 결과 최고의 생산성을 자랑하는 인력을 확보할 수 있었다. '업계에서 유일한 흑자 문화를 우리 손으로 지켜내자'라는 자부심과 의욕은 원동력이 되어 더 높은 효율로 이어진다.

사우스웨스트 항공의 시스템은 수많은 활동과 자원이 강력하게 결합하여 서로 보완하는 과정에서 현재의 견고한 틀을 완성했다. 그러므로 활동이나 자원의 일부만을 모방해서는 의미가 없다.

경쟁우위를 구축하는 3층 구조

기업의 경쟁우위를 실현하기 위해서는 '자원'과 '활동', '차별화'라는 세 가지 요소를 모두 갖추어야 한다. 자원을 사용해서 활동하고, 이를 통해 차별화를 실현하는 것이다. 이 흐름은 오른쪽 페이지의 그림처럼 나타낼 수 있다.

차별화 시스템 : 자원 ⇔ 활동 ⇔ 차별화

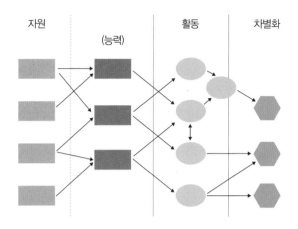

사우스웨스트 항공의 전략에서도 이 3층 구조를 분명히 확인할 수 있다.

먼저 사우스웨스트 항공의 '차별화'로는 '정시 운행, 높은 운항 빈도', '초저가 운임', '승객 서비스 간소화'를 꼽을 수 있다.

이 회사의 가장 큰 '자원'은 수십 년에 걸쳐 양성한 종신 고용 사원들이다. 이곳 지상 및 게이트 요원들의 노하우와 숙련도는 타사가 쉽게 모방할 수 없다. 대규모 인원을 한꺼번에 영입하지 않는 한 사우스웨스트의 분위기와 시스템을 재현할 수는 없다. 숙련된 요원 몇몇을 스카우트한다고 해서 해결될 일이 아니라는 이야기다.

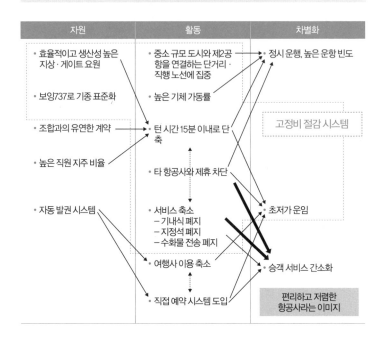

사우스웨스트 항공의 차별화 시스템

자원	활동	차별화
• 효율적이고 생산성 높은 지상·게이트 요원	• 중소 규모 도시와 제2공항을 연결하는 단거리·직행 노선에 집중	• 정시 운항, 높은 운항 빈도
• 보잉737로 기종 표준화	• 높은 기체 가동률	
• 조합과의 유연한 계약	• 턴 시간 15분 이내로 단축	고정비 절감 시스템
• 높은 직원 지주 비율	• 타 항공사와 제휴 차단	
• 자동 발권 시스템	• 서비스 축소 − 기내식 폐지 − 지정석 폐지 − 수화물 전송 폐지	• 초저가 운임
	• 여행사 이용 축소	• 승객 서비스 간소화
	• 직접 예약 시스템 도입	편리하고 저렴한 항공사라는 이미지

사우스웨스트 항공은 자원을 활용하여 다양한 활동을 실현한다. 중소 규모 도시와 제2공항을 연결하는 단거리·직행 노선에 집중하며, 기체 가동률을 높이고자 노력한다. 한편으로는 서비스를 간소화하고 다른 항공사와는 제휴를 시도하지 않는다. 이런 활동들은 결과적으로 이 회사만의 차별화로 이어진다.

비즈니스 시스템에는 전체의 열쇠가 되는 전략 시스템이 있다. 이 전략 시스템은 다양한 자원과 활동으로 이루어지는데, 사우스

사장을 위한 교양 MBA

웨스트 항공의 경우 '높은 가동률'이 바로 여기에 해당한다.

사우스웨스트는 각 경영 요소들이 정확히 맞물려 기능한다. 이렇게 내적 정합성이 높은 시스템은 지속적인 경쟁우위를 발휘하며 경쟁자들이 섣불리 모방할 수 없다. 다만 이런 시스템은 새로운 환경에 적응하기 힘들다는 결점이 있다. 이 비즈니스 모델이 들어맞는 시장에서만 살아남을 수 있기 때문에 시장의 크기가 곧 성장의 한계가 된다.

사우스웨스트 항공의 가장 큰 난제는 '미국 국내선을 제패한 뒤에는 어디로 갈 것인가'이다. 운항 거리가 짧은 보잉737만을 대량으로 보유하고 있기 때문에 국제선으로는 진출할 수 없다. 또한 획기적인 기술을 탑재한 새로운 기종이 등장하더라도 쉽게 갈아탈 수가 없다.

이렇듯 경영 요소들이 정교하게 맞물려 기능하는 비즈니스 모델은 장점과 단점을 모두 안고 있다. 남들이 흉내 내기 힘든 시스템으로 탄탄한 경쟁우위를 구축하는 한편으로, 새롭게 변화하는 경영 환경에 대응하는 노력이 필요하다.

2부

어떤 전략도 실천하지
않으면 무용지물. 전략을
실행하기 위해 조직을
어떻게 운영해야 하는가?

MBA BASICS FOR THE BOSS

강력한 현장은
어떻게
탄생하는가?

천재적인 전략으로도
절대 이길 수 없는 이유는 뭘까?

경영을 떠받치는 세 가지 요소

경영을 튼튼히 뒷받침하는 세 가지 요소로 '비전', '전략', '오퍼레이션'을 꼽을 수 있다.

피라미드에서 가장 꼭대기에 위치하는 것은 '비전'이다. 어떤 회사든 반드시 비전이 있게 마련이다. 비전이란 '우리 회사는 왜 존재하는가?'라는 질문, 즉 'Why'에 명확한 답을 제시하는 것이라 할 수 있다. 그런데 안타깝지만 비즈니스스쿨에서는 비전을 가르칠 수 없다. 모든 비즈니스는 개인의 생각, 즉 주관에서 시작된다. 비전이 중요하다는 것은 이야기할 수 있지만, 비전 자체를 가

사장을 위한 교양 MBA

르칠 수는 없는 일이다.

택배 서비스를 처음 시도했던 한 운수업체는 주위의 맹렬한 반대에 부딪히면서도 '앞으로는 소규모 운송이 절대적으로 중요해질 것'이라는 신념을 굽히지 않았다. 첫날 접수된 택배 개수는 11건에 불과했지만, 45년이 지난 지금 이 회사는 연간 13억 개의 택배를 고객들에게 배송한다. 창업자의 비전이 새로운 시장을 창조한 셈이다.

파라미드의 다음 층에는 '경영 전략'이 존재한다. 비전은 중요하지만, 비전만으로는 먹고 살 수 없다. 택배 열한 개만으로는 사업을 운영할 수가 없다. 그러므로 어떻게 해야 그 비전을 기반으로 경영이 성립하도록 만들 수 있을지 전략을 구상해야 한다. 여기서 전략은 무엇을 구체적인 가치로 만들어낼 것인가 하는, 즉 'What'을 명확히 하는 과정이다.

어떤 가치를 창출할 것인지 결정할 때는 여러 가지 선택지가 있다. 이를테면 운송업에서 대규모 법인을 대상으로 하는 비즈니스에 특화하는 것도 하나의 전략이다. 위에 소개한 운수업체의 경우는 그 길을 택하지 않았다. '손님들의 작은 화물을 맡아서 한 집 한집 전달하는 것'이 이들이 선택한 가치였다. 그것을 어떻게 사업으로 성립시킬 수 있을지, 정보를 모아서 분석하고 연구해 전략으로 구체화해나갔다.

전략을 한마디로 표현하면 '선택과 집중'이다. 다른 선택지는 버리고 자신들이 선택한 부분에 경영 자원을 집중적으로 쏟아부어야 한다. 가능성이 있어 보인다고 해서 여기저기에 손을 대다가는 한 분야의 선구자가 될 수 없다.

그렇다면 비전과 전략만 있으면 승산이 있을까? 그렇지 않다. 비전이든 전략이든 실현하지 않는다면 무용지물, 탁상공론일 뿐이다. 전략은 분명 중요하지만 전략 자체가 가치를 낳지는 않는다. 전략을 '오퍼레이션'에 녹여내어 일상의 업무를 끈기 있게 실천할 때 비로소 가치가 만들어진다. 오퍼레이션은 가치를 창조하는 과정에서 'How'를 담당한다.

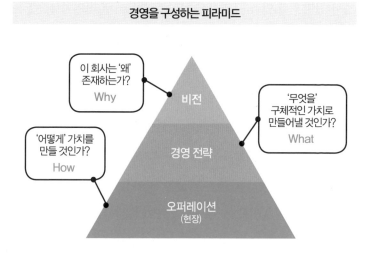

경영을 구성하는 피라미드

사장을 위한 교양 MBA

오퍼레이션의 중심은 바로 현장이다. 현장의 능력에 따라 전략을 정교하게 실현할 수도 있고, 그렇지 못할 수도 있다.

비전, 전략, 오퍼레이션이라는 경영의 세 요소가 정확히 결합하여 일관성 있게 작동할 때 강한 조직이 만들어진다.

전장을 누비는 기업의 두 바퀴

'오퍼레이션'이라고 하면 공장, 즉 생산 현장을 떠올리는 사람들이 많을 것이다. 그저 정해진 업무를 꼬박꼬박 처리하는 따분하고 단조로운 일이라고 생각할지도 모른다. 그런 것을 군이 비즈니스 스쿨에서 배울 필요가 있느냐고 반문하는 경우도 있다. 그러나 현실에서는 오퍼레이션이야말로 기업의 경쟁력을 좌우하는 요소라고 해도 과언이 아니다.

쉽게 말해 오퍼레이션이란, 현장에서 일상적으로 실행하는 업무다. 공장의 생산 작업뿐 아니라 연구개발, 영업, 판매, 물류 등 회사의 모든 부서에서 오퍼레이션 업무를 시행한다. 병원에서는 오퍼레이션이 '수술'을, 전장에서는 오퍼레이션이 '군사 작전'이나 '전투'를 의미한다. 병원에서 오퍼레이션이 서투르면 환자는 죽고 만다. 전쟁에서 오퍼레이션이 허술하면 다수의 사상자를 내게 된다. 마찬가지로 기업 경영에서도 오퍼레이션은 '생사를 건 싸움'을 의미한다.

오퍼레이션에는 다양한 업무 프로세스가 얽혀 있으며 수많은 사람들이 관여한다. 그런 점에서 오퍼레이션이란 '전략을 실현하는 조직적 능력'이라고 정의할 수 있다. 개인의 능력이 아니라 팀이나 조직의 능력이라는 것이 핵심이다. 그리고 이 능력의 대부분은 현장이라고 부르는 곳에 존재한다. 능력 있는 현장은 오퍼레이션을 원활히 수행해 전략을 실현해낸다.

전략과 오퍼레이션은 수레를 움직이는 두 바퀴와도 같다. 어떤 전략이 있다면 그 전략을 실행하기 위한 조직 능력이 필요다. 두 바퀴가 일관된 방향으로 정확히 굴러갈 때 기업은 점점 성장해나 갈 수 있다.

우리가 흔히 사용하는 '비즈니스 모델'이라는 말을 구체적으로 들여다보면 바로 전략과 오퍼레이션이 하나로 결합한 것임을 알 수 있다. 어떻게 가치를 만들어낼 것인지 결정하고, 그것을 실현하기 위해서 특정한 오퍼레이션을 구축한 것이 바로 비즈니스 모델이다.

천재적인 전략만으로는 이길 수 없는 이유

나는 전략 컨설턴트로서 오랜 시간 수많은 전략 프로젝트에 참여했다. 개중에는 안타깝게도 성공적으로 끝맺지 못한 것들도 있다. 내가 제언한 전략은 이론적으로는 나름대로 합리적이었지만, 실제로는 실행되지 않았기 때문이다.

그런 사례 중에는 전략을 실행하기 위한 조직 능력이 클라이언트 기업에 부족했던 경우도 있었다. 즉, 전략과 오퍼레이션이 제대로 맞물려 작동하지 못했던 것이다. 물론 이는 내 불찰이다. 그 회사의 현장이 잘하는 것과 부족한 것을 충분히 고려하여 전략을 구상했어야 하는데 그러지 못했다. 이런 경험을 거치면서 '전략이 중요하지만 전략만으로는 의미가 없다'는 결론에 도달했다. 더불어 경쟁력의 근간은 오퍼레이션을 실행하는 현장에 있음을 확신하게 되었다.

전략은 모방이 가능하다. 뛰어난 전략은 경쟁사가 따라서 채택할 수 있기 때문에 전략만으로는 차별화를 꾀하기가 점점 어려워지고 있다. 물론 선행자의 이점은 존재하지만, 오퍼레이션 능력이 강력한 후발주자가 따라붙는다면 금방 따라잡힐 수도 있다. 그러므로 제아무리 독특한 전략으로 새로운 수요를 창출해도 오퍼레이션이 약하면 승자가 될 수 없다.

다시 말해 전략은 중요하지만, 전략만으로 차이를 벌리기는 매우 어렵다. 그렇기 때문에 오퍼레이션을 실행하는 현장에 주목해야 한다. 강한 기업에는 반드시 강한 현장이 존재하는 법이다.

보이지 않는 7분,
손님맞이를 위한 시간

꾸준한 개선이 경쟁력을 낳는다

현장의 능력이 탁월한 사례로 일본 철도를 꼽을 수 있다. 도쿄의 순환철도는 안전을 확보하면서 2~3분 간격으로 운행하는데, 뛰어난 현장이 이를 뒷받침한다. 겉으로 드러나는 기술적인 측면 외에도, 밖에서 보이지 않는 현장이 분주하게 돌아가면서 제 역할을 다하고 있다.

특히 종합차량센터에서는 연간 약 1,000량에 달하는 철도 차량을 점검한다. 워낙에 종류도 많고, 개중에는 상당히 오래된 것도 있으며, 하나같이 점검하기 번거로운 차량들이다. 기기를 사용해 곁에서 점검하는 작업 외에도 차량을 해체해 부품을 하나하나 검사하고, 청소하고, 때로는 신품으로 교환한다. 점검 후 고장이 일어날 확률은 100만 킬로미터당 0.27회에 불과하다고 한다. 25년을 달렸을 때 고장이 한 건 발생하는 수준이니, 문제가 거의 일어나지 않는다고 보아도 좋을 것이다.

이곳 종합차량센터는 안전 품질을 높은 수준으로 유지하기 위해 현장에서 직접 개선 활동을 실시한다. 개선 제안 건수는 연간 약 1만 3,000건에 이르는데, 평균을 내자면 직원 한 명당 1년에 약 30건의 제안을 하는 셈이다. 이곳의 직원들은 스스로 궁리해 작업 방식을 바꾸고 업무의 정확도를 지속적으로 끌어올리고 있다.

보이지 않는 7분, 손님맞이를 위한 시간

고속철도 차량의 청소를 담당하는 JR그룹의 철도정비주식회사 역시 현장이 강한 기업 중 하나다. 플랫폼에 열차가 도착해 출발할 때까지의 시간은 불과 12분 남짓이다. 그중 2분 동안 승객이 내리고 3분 동안 새로운 승객들이 탄다. 결국 남는 시간은 7분뿐이다. 철도정비주식회사의 청소 팀은 이 7분 동안 차내를 완벽하게 청소한다. 청소를 마친 뒤에는 승객들을 향해 "오래 기다리셨

습니다." 하며 고유의 인사말을 정중히 건넨다. 승객들 입장에서는 깨끗한 집에 초대된 손님처럼 느낄 법하다.

이 회사 직원들은 스스로를 단순히 청소하는 인력이 아닌 '차량을 유지, 관리하는 기술자'라고 인식한다. 또한 고객에게 서비스를 제공하는 일이므로 늘 예의를 갖추어야 한다고 생각한다. 주로 60세 전후의 경험이 풍부한 여성 사원들이 주임이 되어 팀을 이끄는데, 업무에 대한 자부심과 의의를 심어주는 역할 역시 이 여성 리더들이 맡고 있다.

실제로 이곳 현장에서는 청소 업무만이 아니라 수많은 개선 사항들을 제안하고 실현하는 일을 한다. 차량이나 역의 화장실에 문제가 있을 때 보완하거나, 유아 휴게실을 설치하는 등 현장에서 일하는 사람만이 알 수 있는 영역을 관리한다. '아이들에게 나눠 줄 기념품이 있으면 좋겠다'는 제안으로 엽서를 제작해 좋은 반응을 얻기도 했고, 여름 휴가철이나 크리스마스 등에는 계절에 맞는 이벤트를 열기도 한다.

철도 차량 점검이나 고속철도 차량 청소. 모두 화려하지 않은 일이지만, 뛰어난 오퍼레이션이 독자적인 강점이 되어 경쟁력을 높인 좋은 사례다.

열심히만 일하는 현장이 오래가지 못하는 이유

그렇다면 살아 있는 현장, 뛰어난 현장은 어떻게 만들 수 있을까?

무엇보다 현장 자체에서 문제 해결 능력을 갖추어야 한다. 그저 열심히 일하기만 해서는 오래 살아남을 수 없다. 지시받은 일을 단순히 처리기만 하는 업무수행형 현장이 실제로 많은데, 문제를 찾아내 해결하는 문제해결형 현장으로 이행해야 조직이 생기를 띤다.

문제가 없는 현장은 존재하지 않는다. 뛰어난 현장과 생기 없는 현장의 차이는 문제와 마주하는 자세에서 생겨난다. 힘 있는 현장에서는 문제를 '더 나아지기 위한 좋은 재료'로 간주하고 긍정적으로 다룬다. 문제를 직시하며 결코 회피하지 않는다. 그렇지 않은 현장에서는 문제를 '있어서는 안 되는 것', '가능하면 숨기고 싶은 것'처럼 부정적으로 여긴다. 이럴 때 문제는 속으로 곪고 만다. 현장에서부터 문제를 겉으로 끄집어내고 씨름해야 조직이 건강해진다.

'강력한 현장'으로 유명한 도요타 자동차는 문제를 해결하기 위한 개선, 개량 작업을 당연한 일과의 하나로서 오랜 기간 실시해왔다. 도요타의 연간 개선 제안 건수는 약 60만 건에 이르는데, 이것을 40년 이상 지속하고 있다. 그만큼 오랫동안 해왔음에도 개선은 멈추지 않는다.

만약 비용이 높다면 낮출 방법을 고안하고, 속도가 느리다면 방해 요인을 찾아내고, 품질이나 서비스에 문제가 있다면 개선 방안을 마련해야 한다. 다시 말해, 현장의 미세한 부분까지 자율신경이 퍼져 있어서 스스로 기능해야 한다. 우리 몸에서 자율신경은 무의식적으로 작용하지만 생명 활동의 기본을 담당한다. 현장 또한 마찬가지다. 현장의 자율신경이 죽어버린 조직은 스스로 심장이 뛰지도, 먹은 음식을 제대로 소화시키지도 못한다.

또 한 가지, 현장의 모든 사람이 움직여야 한다는 점도 중요하다. 현장의 힘은 조직에서 나온다. 이는 '점'이 아닌 '면'의 힘이다. 의욕 넘치는 일부가 열심히 나서서 문제를 해결하려 하더라도 나머지 사람들이 남 일처럼 뒷짐 지고 바라본다면 열기는 오래 지속될 수 없다.

제약이 지혜를 낳는다

현장에서 발생하는 문제는 때로 단순하지 않다. 무엇인가를 해결하려고 하면 다른 무언가를 희생해야 하는 이율배반에 직면하는 경우가 종종 있다. 가령 비용이 많이 든다고 해서 안일하게 인건비를 줄이면 서비스의 질이 한순간 하락할 우려가 있다. 이 이율배반을 극복하기 위해서는 창의적인 궁리가 반드시 필요하다. 간단한 일은 아니지만, 바로 그렇기 때문에 문제를 극복하는 데서 현장의 힘이 생겨난다.

도요타의 생산 현장은 어떻게 해서 강해졌을까? 사실 알고 보면 접근법은 단순하다. 예를 들면 열 명이 조립 작업을 하던 현장에서 먼저 한 명을 빼본다. 당연히 그대로는 작업이 제대로 진행되지 않는데, 이때 현장이 스스로 작업 방식을 바꾸거나 팀을 재편성하거나 커뮤니케이션 방식을 궁리해서 어떻게든 아홉 명으로 현장이 돌아가도록 만든다. 그런 다음 다시 한 명을 빼고 여덟

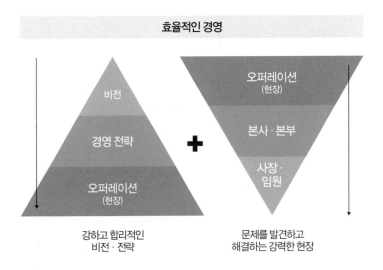

효율적인 경영

비전

경영 전략

오퍼레이션
(현장)

강하고 합리적인
비전 · 전략

＋

오퍼레이션
(현장)

본사 · 본부

사장 ·
임원

문제를 발견하고
해결하는 강력한 현장

명으로 조립 작업을 진행할 수는 없을지 지혜를 짜낸다.

'제약이 지혜를 낳는다'. 이것이 곧 강한 현장의 특징이다.

앞서 경영의 3요소를 피라미드의 형태로 설명했는데, 실효성을 생각할 때는 이 피라미드를 거꾸로 뒤집은 '역피라미드' 발상이 필요하다. 오퍼레이션, 즉 현장이야말로 가치를 만들어 내는 주역이며 엔진이다. 본사나 경영자는 현장을 지원하는 존재에 불과하다. 현장의 힘을 강화하기 위해서는 이런 현장중심 사고를 조직 내에서 공유해야 한다.

문제 해결 능력은
'제대로 보는 힘'에서 나온다

문제 해결 능력이란 곧 문제를 보는 능력

현장의 힘을 단련하기 위해 꼭 필요한 시스템이 '가시화'다. 현장의 힘이란 다시 말해 '현장이 자율적으로 문제를 해결하는 능력'인데, 문제를 해결하려면 지금 어떤 문제를 안고 있는지를 먼저발견해야 한다. 스스로 알지 못하는 문제는 해결할 방법이 없기때문이다. '가시화'는 이를 위해 탄생한 시스템이다.

문제 해결 능력이 높은 조직은 문제를 발견하는 능력 또한 높다. 문제가 눈앞에 보이면 현장은 그 문제를 어떻게든 해결하려한다.

도요타 생산 방식에서 유명한 '안돈(라인 스톱 표시판)'에는 가시화의 본질이 응축되어 있다. '안돈'은 제조 라인에 매달려 있는 전광 게시판으로, 어떤 공정에서 이상이나 문제가 발생했는지를 한눈에 알 수 있도록 만들어졌다. 라인의 작업자가 이상을 발견하거나 문제가 생기면 즉시 머리 위의 끈을 잡아당긴다. 그러면 표시판에 노란색 램프가 켜지고, 반장이나 현장 리더가 도우러 온다.

일반적으로 제조업에서는 라인을 멈추는 것을 있을 수 없는 일로 여긴다. 그러나 도요타에서는 문제를 발견했음에도 라인을 멈추지 않고 불량품을 내보내는 것을 더 큰 문제로 인식한다. 문제를 발견하면 '안돈'으로 이를 알려서 설령 라인을 멈추는 상황이 생기더라도 문제를 해결한다. 이런 생각이 '가시화'의 원점이다.

파티션에 가려진 조직의 문제

가시화는 공장에서만 효과를 발휘하는 것이 아니다. 조직의 모든 분야와 기능은 가시화가 필요하다. 예를 들어 영업이나 연구개발 등의 분야는 폐쇄적인 상태가 되기 쉽다. 문제를 보이지 않게끔 묻어두는 상황이 벌어지지 않도록, 언제든 모두가 알 수 있어야 한다.

내게 컨설팅을 의뢰했던 어느 소프트웨어 회사가 여기서 좋은 예가 될 듯하다. 소프트웨어 개발이라는 작업의 특성상 이 회사의 팀원들은 개별적으로 일을 했다. 한 팀 내에서도 각자 맡은 작업이 제대로 되어가는지 확인할 길이 없었다. 한마디로 자신의 문제는 보이지만 다른 사람의 문제는 전혀 보이지 않는 상황이었다. 그런 까닭에 이 회사는 생산성이 현저히 낮았고 품질 문제도 자주 발생했다. 사장은 이 문제를 어떻게든 해결해야 한다는 생각에 나를 찾아왔다.

나는 먼저 100명 정도 규모의 사무소를 골라 실험적으로 가시화를 도입했다. 물론 다짜고짜 시작하는 것이 아니라 먼저 사원 열 명 정도를 모아 토의를 하면서 현장의 문제를 찾아내는 작업을 시도했다. 그 과정에서 이런 지적이 나왔다.

"저희 사무소는 아침에 출근해서 다른 사람과 대화 한 번 하지 않는 사람들이 많습니다. 줄곧 컴퓨터 앞에 앉아 자기 일을 하다가 퇴근하는 거죠. 서로 뭘 하고 있는지 전혀 몰라요."

이래서는 직장의 생산성이 오를 리 없다.

또한 이 회사에서는 직원들마다 업무의 부하 편차가 심했다. 업무량이 많아서 2~3일씩 철야 작업을 하는 사람이 있는가 하면, 한가하게 있다가 정시에 퇴근하는 사람도 있었다.

직원들과 토론한 결과, '업무 부하의 가시화'부터 시작하기로 결정했다. 먼저 화이트보드에 개인의 업무 부하 상황을 나타내는 그래프를 0부터 150까지 눈금으로 그렸다. 그리고 전 직원이 아침에 출근하면 이 그래프의 0부터 150 사이 어딘가에 자신의 이름이 적힌 마그넷을 직접 붙이도록 했다. 업무를 혼자 힘으로 겨우 처리할 수 있는 정도라면 100, 업무 부하가 너무 커서 한계를 넘어섰다면 150, 조금 여유가 있다면 70의 눈금에 마그넷을 붙인다.

단순한 작업이지만 효과는 금방 나타났다. 동료가 150이라고 신고한 것을 보고서도 그냥 내버려두는 사람은 없었다. 또한 도움이 필요한 사람은 그래프를 들여다보고 비교적 여유가 있는 동료에게 부탁할 수 있었다. 직원들이 저마다 스스로의 상황을 알림으로써 자원을 효율적으로 배분할 수 있게 된 것이다. 사내의 의사소통 또한 크게 개선되었다.

무조건 드러내는 것은 가시화가 아니다

그로부터 반년 후에 그 사무소를 다시 방문해보니 다양한 가시화가 진행되고 있었다. '가시화 보드'라는 것을 만들어놓고 수많은 자료를 붙여놓았으며, 벽에도 여러 가지 게시물이 붙어 있었다.

언뜻 바람직한 현상 같겠지만, 사실은 여기에 가시화의 함정이 숨어 있다. 이것도 저것도 전부 가시화하려 하면 오히려 아무것도 보이지 않게 되는 것이다. '정보의 홍수'라 할 만한 현상이다.

가시화는 그 자체가 목적이 아니다. 문제 해결에 속도를 더해주는 하나의 장치일 뿐이다. 그렇기에 가시화가 목적이 되어버리면 의미 있는 효과를 거둘 수 없게 된다. 이것이 적절한 도구로 기능하도록 하려면 '저스트 인 타임(소량을 주문 즉시 생산하는 도요타 생산방식-옮긴이)' 방식이어야 한다. 필요한 것을 필요한 때 필요한 양만큼만 가시화해야 한다는 뜻이다. 이것이 효율적인 가시화의 비결이다.

'어떻게든' 커뮤니케이션하라

사람들이 흔히 하는 또 한 가지 착각은 가시화의 목적이다. '무엇을 위해 가시화를 해야 한다고 생각하느냐?'라고 묻는다면 아마도 '정보 공유'라는 답이 가장 많이 돌아올 것이다. 그러나 가시화로는 정보 공유의 효과가 한정적일 수밖에 없다. 가시화의 진정한 목적은 바로 '공통 인식'을 만드는 것이다. 정보 공유와 공통 인식은 서로 비슷한 듯하지만 사실 서로 완전히 다른 별개의 개념이다. 정보 공유를 한다고 해서 서로의 의도까지 전달된다는 보장은 없다. 정보가 넘쳐남에도 공통 인식이 없는 현장은 수없이 많다.

정보 공유와 공통 인식 사이의 괴리를 메우려면 어떻게 해야 할까? 안타깝지만 마법 같은 방법은 없다. 대화를 늘리는 것이 유일한 방책이다. 얼굴을 보면서 이야기하고 '올바르게 전달되지 않았다'라고 느끼면 다시 시도한다. 상대에게 본뜻을 제대로 전할 방법을 궁리하고 이를 위해 노력해야 한다.

도요타에서는 이것을 '필사적인 커뮤니케이션'이라고 부른다. 어떻게든 전달하겠다는 끈질긴 마음가짐이 없다면 여러 사람이 결코 하나의 인식을 공유할 수 없다. 어떻게 보면 단순하고 투박한 시도 같지만, 같은 일터에 있는 모든 구성원이 이 노력을 지속해야 한다.

IT의 발달이 불러온 문제 중 하나는 정보가 너무 많아서 무엇이 중요한 정보인지 알 수가 없다는 점이다. IT를 활용한 가시화는 우리에게 무언가를 보도록 계속 강요하지만 사람들은 대충 눈길을 주다가 마는 경우가 대부분이다. 그에 비해 뚜렷한 가시화는 '보고 싶지 않아도 보이는 상태'다.

도요타 생산 방식에서 '안돈'은 보고 싶지 않아도 눈에 들어온다. 노란색 램프가 켜지면 누구든 '무슨 일이 생겼구나.' 하고 알게 된다. 현장이 정확히 깨닫지 못한다면 제대로 된 가시화가 아니다. 사람들은 알고 나면 생각하기 시작한다. 생각한 결과 혼자 힘으로는 안 되겠다고 판단하면 다른 사람들과 의논하며, 자연스레 대화가 늘어난다. 생각과 대화가 늘어나면 행동이 바뀐다. 그리고 행동이 바뀌면 결과가 달라진다. 그 모든 과정을 시작하는 입구가 바로 '보이도록 만드는 것'이다.

보고, 알고, 생각하고, 대화하고, 무언가를 바꾼다. 이 사이클을 끈기 있게 가동할 때 문제를 해결하는 획기적인 방법이 도출된다.

돌파구는 단번에 뚫리지 않는다

현장의 능력을 단련하기 위해서는 시간이 걸릴 수밖에 없다. 직원들 모두가 능동적으로 움직이는 뛰어난 현장이 하루아침이 완성될 수는 없다. 그런데 많은 회사들이 현장을 키우기 위해 개선 작업이나 가시화를 시도하고서 오래지 않아 흐지부지 그만두곤 한다. 현장의 힘, 오퍼레이션 능력을 양성하기 위해서는 반드시 지속성이 필요하다.

여기서 말하는 지속성에는 종류가 있다.

첫째는 '기본적인 업무 지속하기'다. 일상적 보고, 연락, 상담, 5S(정리, 정돈, 청소, 청결, 습관화) 같은 기본적 업무는 시간이 흘러도 변함없이 중요하다. 모두가 기본을 철저히 계속할 때 오퍼레이

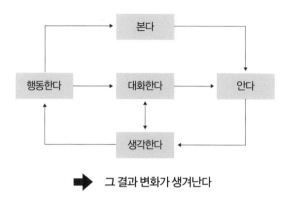

가시화가 행동으로 이어지는 사이클

본다

행동한다 → 대화한다 → 안다

생각한다

➡ 그 결과 변화가 생겨난다

선의 토대를 다질 수 있다.

둘째는 '개선 업무 지속하기'다. 모두가 지혜와 아이디어를 보태고, 꾸준히 개선 과정을 쌓아나가는 것이 현장의 능력을 만들어내는 원천이 된다. 그것이 조직의 습성이 될 때까지 개선 작업을 계속해야 한다. 작은 개선 활동을 꾸준히 하다 보면 어느 지점에서 비약적인 변화가 반드시 일어난다. 품질이나 서비스의 수준이 한순간에 상승하거나, 비용 절감을 극적으로 실현할 수도 있다. 이 단계에서 조직은 하나의 돌파구를 마련하게 된다. 달리 말해 이 조직은 지속적으로 혁신을 이뤄낼 수 있다.

아무것도 꾸준히 하지 않으면서 돌파구가 나타나기만을 기대하는 조직이 많다. 그러나 작은 노력이 차곡차곡 쌓이지 않으면

지속성의 세 가지 종류

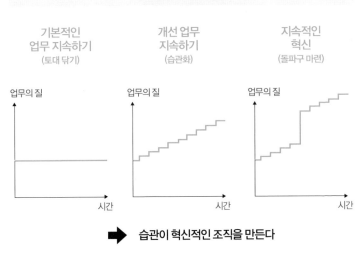

| 기본적인
업무 지속하기
(토대 닦기) | 개선 업무
지속하기
(습관화) | 지속적인
혁신
(돌파구 마련) |

습관이 혁신적인 조직을 만든다

돌파구는 탄생하지 않는다. 끊임없이 혁신하는 회사들은 밖에서는 보이지 않을지라도 개선 업무를 우직하게, 부단히 실천한다.

오퍼레이션은 하루아침에 강화할 수 없다. 기본을 끈질기게 지키고, 개선 작업을 지속한 결과 혁신적인 조직으로 탈바꿈한 뒤에는 경쟁사가 넘보기 힘든 우위를 손에 넣게 된다.

MBA BASICS FOR THE BOSS

어떻게든 사람과
조직 사이에서
최적의 균형을 찾아라

조직이 먼저인가?
인재가 먼저인가?

무임승차하는 개인을 어떻게 막을 것인가?

'개인은 조직을 위해 일한다.'

이 명제는 참일까, 혹은 거짓일까?

같은 목적을 가진 사람 여럿이 모이면 조직이 생긴다. 그리고 이들 모두는 목표를 달성하기 위해 서로 협력한다. 이것은 혹시 너무 낙관적인 해석이 아닐까?

미국의 경제학자 맨슈어 올슨(Mancur Olson)은 다음과 같은 주장을 펼쳤다.

"개인이 합리적으로 행동한다는 전제에 따라서 논리적으로 생각해보자. 그러면 개인은 공동의 목표를 달성하기 위해 협력하지 않는다는 결론에 도달하게 된다."

왜 이런 기묘한 결론이 나오는 것일까? 생각해보라. 정말 합리적으로 생각한다면, 최소한의 노력으로 최대한의 성과를 얻고 싶은 것이 사람의 본성 아닐까? 다시 말해, 합리적인 개인에게 최고의 이익은 바로 '무임승차'라는 이야기다.

예를 들어 30명이 무거운 가마를 함께 들어 올린다고 가정해보자. 그러면 '어차피 나 하나쯤 쉬어도 티가 안 날 텐데, 그냥 메는 척만 하고 나중에 수고비나 챙기자.' 하고 생각하는 사람이 분명 나올 것이다. 어쩌면 개인에게는 그것이 가장 합리적인 방법일지 모른다.

그렇다면 네 명이 가마를 들 경우는 어떨까? 무임승차가 가능할까? 아마도 불가능할 것이다. 네 명 중에서 한 명이 힘을 빼면 금세 눈에 띌 테니 말이다. 애초에 커다란 집단을 한 덩어리가 아닌 부서나 팀으로 나누어 운영하는 이유 중 하나는 무임승차를 방지하기 위해서다. 1,000명의 거대한 팀은 성립하기 어렵다. 제대로 감독할 수 없기 때문에 받기만 하고 주지는 않는 '합리적인 개인'이 생겨나기 때문이다. 그런 사람이 하나둘 생기면 열심히 일하던 동료들도 허탈함을 느끼게 된다. 어차피 보수는 같은데 괜히 혼자 고생하고 싶지 않다는 생각에, 점점 더 많은 사람들이 집단에 공헌하기를 그만둘 가능성이 크다. 그렇게 되면 조직은 당연히 공동의 목표를 달성하지 못한 채 시들고 만다.

"공통의 목표를 향해서 협력합시다!" 같은 구호만으로 조직이 제대로 돌아갈 것이라고 생각한다면 세상 물정 모르는 사람이다. 만약 그렇게만 된다면 관리감독 제도 같은 것은 필요치 않을 것이다. 개인의 무임승차를 막으려면 다양한 시스템과 장치를 고안해야 한다. 누가 무엇을 하는지 투명하게 보이도록 조직을 세분화하고, 강제력을 발휘하는 시스템을 가동하며, 일한 만큼 보상받는 체계를 갖추어야 한다. 그래야 조직원 한 명 한 명의 능력과 의욕을 최대한 살릴 수 있다.

회사마다 부서가 있고, 상사와 부하 관계가 형성되며, 평가나 보수에 관한 제도가 존재하는 것은 이런 원리에 따른 것이다.

조직은 수렴과 발산이 모두 필요하다

하지만 한편으로, 서로를 감시하는 삭막한 조직에서 일하고 싶은 사람은 없을 것이다. 자발적으로 협력하는, 활기 넘치는 일터를 누구나 원할 것이다. 그런 조직을 만들기 위해서는 '매니지먼트'와 '디벨로프먼트'라는 두 가지 개념을 기억해야 한다.

먼저 기업의 경영과 관련해서 흔히 사용하는 '매니지먼트'라는 용어에 대해 생각해보자. 이 말은 여러 가지 의미로 두루 쓰인다. '관리'나 '경영'이 가장 일반적인 의미이고, '운영'이나 '행정'의 뜻으로도 사용된다. 돈에 관해서는 '운용'을 뜻하며, 때로는 '경영진'을 가리키기도 한다. 좀 더 일상적인 업무 속에서는 '정리', '정돈', '업무 완수' 등의 의미로도 '매니지먼트'라는 말을 사용하곤 한다.

이렇게 폭넓은 의미를 지니지만, 이 단어의 핵심을 한마디로 표현하자면 바로 '수렴'이다. 세상의 모든 것은 그대로 놔두면 망가지거나 어지럽혀진다. 자연스럽게 정돈되거나 형태를 갖추는 경우는 없다. 이것을 물리학에서는 '엔트로피 증가의 법칙'이라고 말하는데, 사람의 일도 예외는 아니다. 내버려두면 마냥 어지럽혀질 것을 어떻게든 처리해서 수습하고 정리한다. 이것이 곧 매니지먼트의 핵심이다.

매니지먼트와 한 쌍을 이루는 개념으로 '디벨로프먼트'가 있다. 개발 또는 발전으로 번역되며 사람과 연관 지으면 발달, 육성, 성장으로 해석할 수 있다. '자유롭게'라든가 '쑥쑥' 같은 꾸밈말이 잘 어울리는 이 단어는 유심히 살펴보면 끝말잇기처럼 앞의 말을 받아서 더 널리 퍼트리는 양상을 보인다. 그 '발산'하는 이미지가 디벨로프먼트의 핵심이다.

그렇다면 매니지먼트(수렴)와 디벨로프먼트(발산)는 어떤 관계일까? 나무와 정원사를 떠올리면 적절한 비유가 될 듯하다. 나무는 가지와 잎을 점점 뻗어나간다. 이는 디벨로프먼트에 해당하는 현상이다. 하지만 멋대로 자라게 내버려두면 나무가 웃자라 보기 좋지 않고, 햇빛을 받지 못하는 아래쪽 가지는 고사될 우려가 있다. 그래서 정원사는 가지치기를 해서 모양을 정돈해준다. 이것이 매니지먼트에 해당하는 일이다. 가지치기를 하면 본래 뻗어야 할 가지들을 선별해 제 방향으로 더 잘 자라도록 만들 수 있다.

매니지먼트와 디벨로프먼트, 즉 수렴과 발산은 경영에서 모두 필요하다. 양쪽이 서로 깊은 관계로 얽혀 있으며, 어느 한쪽만 강화해서는 조직이 올바로 성장할 수 없다.

왜 인사에 전략이 필요한가?

조직을 구성하는 과정에서 가장 중요한 인사는, 그야말로 전략이 필요한 일이다. 전쟁을 할 때 사용할 수 있는 자원이 무한하다면 어떨까? 답은 간단하다. 이길 때까지 자원을 계속해서 투입하면 된다. 그러면 언젠가는 승리할 것이다. 다시 말해 전략은 필요가 없다.

하지만 현실에서 자원은 유한하다. 그래서 전략이 반드시 필요하다. 유한한 자원을 어떻게 최적의 상태로 배분할 것인가? 이에 관한 답을 신중하게 고민하고, 또 과감히 실행해야 한다. 어느 쪽에 자원을 얼마나 투입할 것인지, 자원이 특별히 집중되어야 할 부분은 어디인지 결정하고 배분하는 것은 전략적 의사결정에 해당한다. 무엇을 고르고 무엇을 고르지 않을 것인가? 어느 쪽에 중점을 두고 어디는 의도적으로 힘을 뺄 것인가? 무엇을 먼저 하고 무엇을 뒤로 미룰 것인가? 전략은 선택이자 의사결정이다.

물자, 자본, 인력 등 조직의 목표를 달성하기 위한 자원 중에서도 여기서는 '인적 자원'에 관해 생각해보려 한다. 먼저, 한 조직이 보유할 수 있는 인력의 숫자는 한계가 있다. 더구나 우수한 인재는 흔하지 않다. 한 사람에게 주어진 시간 또한 정해져 있다. 한숨도 자지 않고 일한다 해도 하루에 24시간뿐이다. 그야말로 희소하고 귀중한 자원이다. 이렇게 한정된 자원을 효율적으로 분배하지 않는다면 전쟁에서 결코 이길 수 없다. 그래서 인력의 배치는 곧 전략이다.

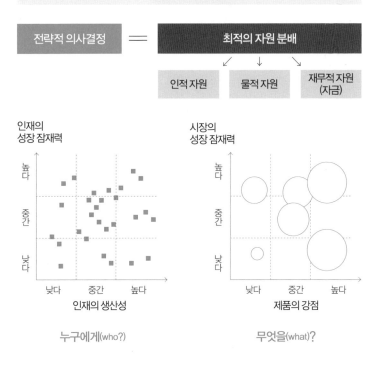

'무엇'과 '누구'의 결합

전략적 의사결정 **=** 최적의 자원 분배

인적 자원 　물적 자원 　재무적 자원 (자금)

인재의
성장 잠재력

높다
중간
낮다

낮다　　중간　　높다
인재의 생산성

누구에게(who?)

시장의
성장 잠재력

높다
중간
낮다

낮다　　중간　　높다
제품의 강점

무엇을(what)?

　무엇을 선택할 것인가, 그리고 누구를 선택할 것인가?

　나아가 무엇을 누구에게 시킬 것인가? 혹은 누구에게 무엇을
시킬 것인가?

　이 '무엇'과 '누구'의 선택과 결합은 특히 고도의 전략이 필요한
작업이다. '무엇'에 관한 지도는 시장의 성장 가능성 및 상품의 강
점을 척도 삼아 그릴 수 있다. 그리고 '누구'에 관한 밑그림은 그

사람의 생산성과 잠재력에 따라 그릴 수 있다. 이 두 장의 그림을 가장 적절하게 대응시키는 작업이 바로 전형적인 '전략적 인사'라 할 수 있다.

제너럴일렉트릭(GE)의 회장이었던 잭 웰치(Jack Welch)는 이렇게 말했다.

"적정한 업무에 적절한 인재를 배치하는 것은 전략 책정보다도 훨씬 중요한 일이다."

그런데 한편으로 웰치는 이런 말도 남겼다.

"올바른 인재를 뽑아서 날개를 마음껏 펼칠 기회를 줄 수 있다면, 그 다음에는 관리 같은 것은 거의 하지 않아도 된다."

웰치가 남긴 이 두 가지 말은 언뜻 같은 듯, 서로 다른 이야기다.

처음 이야기는 짧게 요약하자면 '적재를 적소에'라고 표현할 수 있다. 영어로는 'Right person for right job'이라 말한다. 조직과 업무가 먼저 존재하며, 그곳에 적절한 인재를 뽑아서 배치하라는 이야기다.

두 번째 말은 '적소를 적재에'라고 요약할 수 있다. 영어로는

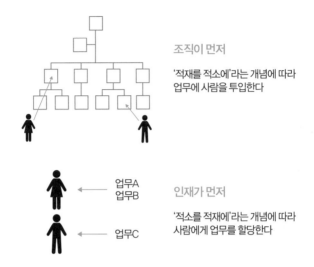

조직이 먼저

'적재를 적소에'라는 개념에 따라
업무에 사람을 투입한다

업무A
업무B

인재가 먼저

'적소를 적재에'라는 개념에 따라
사람에게 업무를 할당한다

업무C

'Right job for right person'이다. 사람이 먼저이고, 그 사람에게 적절한 업무를 찾아서 맡기라는 것이다.

　사람에게 업무를 할당하는 것과, 업무에 사람을 투입하는 것. 과연 둘 중 어느 쪽이 옳을까?

사람과 조직 사이에서
최적의 균형을 찾는 법

'사람을 다루는 전략'에 관한 상반된 주장

'적재를 적소에', 즉 조직이 먼저라고 생각하는 사람들은 이런 주장을 펼칠 것이다.

"모든 조직에는 목적이 있다. 그 목적을 달성하기 위해서는 최적의 위치에 인재를 배치해야 한다. 만약 개개인의 의향에 따라 조직을 구성한다면 배가 산으로 갈 수 있다. 야구 팀에서 모두가 투수를 하겠다고 우긴다면 경기를 제대로 할 수 있겠는가?"

반면에 '적소를 적재에', 즉 인재가 먼저라고 생각하는 사람들은 이렇게 목소리를 높인다.

"사람은 물건처럼 상자에 넣어 원하는 모양대로 쌓을 수 있는 존재가 아니다. 사람을 역할에 따라 배치한다는 사고방식은 융통성 없고 차가운 조직을 만든다. 그런 일터에서는 직원들이 열정을 가지고 일할 수 없으며, 혁신적인 발상은 더더욱 탄생할 수 없다. 서유기에서처럼 각 사람이 가장 잘할 수 있는 일, 공헌하고자 하는 일을 맡기는 편이 훨씬 효과적이다."

물론 여기에 반론을 제기할 수 있다.

"회사란 개인이 자아를 찾고 꿈을 이루는 장소가 아니다. 무엇보다 이익을 우선해야 하는 집단이다. 그렇기에 개인을 중심으로 하는 시각이 아닌, 전체를 중심으로 하는 큰 시각이 필요하다. 또한 개인의 성장은 조직의 시스템 내에서 더 체계적으로 이뤄질 수 있다. 어떤 사람이 아직 가보지 않은 길, 잘 알지 못했던 분야를 접한 뒤 자신의 새로운 강점을 발견하는 일은 얼마든지 일어난다."

여기에 대해 '인재가 먼저'라고 생각하는 사람들은 아마도 이렇게 반박할 것이다.

"조직이란 무임승차를 방지하기 위한 시스템이라고 봤을 때, 조직에 끼워 맞춰진 개인은 소극적이고 수동적이 되기 쉽다. 반면 사람에 맞춘 조직은, 한 사람이 지닌 강점을 최대한 발휘하며 활약할 수 있도록 배려한다. 그런 분위기 속에서 리더가 탄생하고, 그 리더가 다시 활기찬 조직을 이끌어나간다."

유능한 인재의 딜레마

양쪽 입장을 더 첨예하게 드러내기 위해, 다음과 같이 극단적인 경우를 생각해보자.

여기 한 회사가 있다. 실무를 맡을 직원은 단 두 명이고, 이들이 해야 할 업무도 두 가지다. 아래 그림처럼 왼쪽의 여성은 이른바 '유능한 인재'다. A업무를 맡으면 12의 성과를, B업무를 맡으면 8의 성과를 올릴 수 있다. 오른쪽 남성은 그 정도로 뛰어나지는 않아서 A업무를 맡으면 10의 성과를, B업무를 맡으면 3의 성과를 올릴 수 있다. 누가 어떤 일을 맡는 것이 합당할까? 그 답은 인재

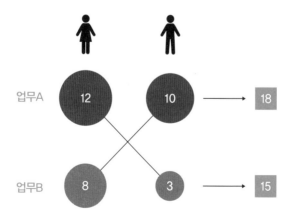

누가 어떤 일을 맡아야 하는가?

가 먼저인가, 조직이 먼저인가에 따라 달라질 것이다.

'조직이 먼저'라는 입장에서는 남성에게 A업무를, 여성에게 B
업무를 맡길 것이다. 그렇게 해야만 조직 전체의 성과가 최대화
되기 때문이다. 이 경우 남성은 10, 여성이 8의 성과를 내서 조직
전체의 성과는 18이 된다. 반대로 맡겼을 경우는 15의 성과가 나
므로 절대적 수치로 따지면 이 방법이 최선이라 할 수 있다.

하지만 '인재가 먼저'라는 시각에서 생각해보면 문제는 간단
치가 않다. 여성이 A업무를 맡는다면 12라는 굉장히 높은 성과를
올릴 수 있다. 개인적인 성취감이나 업무 만족도가 상승하는 것은
물론이고, 인센티브도 12의 성과만큼 받을 수 있다. 그런데도 회
사는 8의 성과밖에 낼 수 없는 일을 하라고 한다. 이 직원의 입장
에서는 맥이 빠질 수밖에 없다. 의욕이 저하되어 8의 성과도 내지
못할 우려가 있다. 어쩌면 자신의 능력을 알아줄 다른 직장으로
이직하기 위해 사표를 낼지도 모를 일이다. 그러면 이 여성의 성
과는 0으로 하락하고 만다.

최적화가 이루어지는 지점을 찾아내기

그렇다면 어느 쪽이 옳을까? 싱거운 결론이지만 정답은 물론 '양

사장을 위한 교양 MBA

쪽 모두'이다. 여기서 중요한 것은 어느 한쪽이 아닌, 양쪽 사이의 '균형'이다.

회사의 경영진은 기본적으로 전체가 최적의 상태에 놓일 방법을 고민한다. 조직의 목표를 달성하지 못하면 경우에 따라서는 조직이 무너지는 상황까지 벌어질 수 있다. 그렇기에 조직 전체의 성과를 키우는 데 집중할 수밖에 없다. 조직의 사정을 우선하며, 이를 위해 사람을 필요한 곳에 투입하는 '적재적소' 방식이 여기에 주로 쓰인다. 하지만 한편으로 개개인이 어떻게 최대한으로 능력을 발휘할 수 있을지, 어떻게 성장할 수 있을지도 염두에 두어야 한다.

'적소적재'의 방식에서는 인재가 먼저다. 이때는 개인의 능력이라든가 의욕 등을 우선적인 사항으로 고려한다. 앞의 방식이 전체가 최적인 상태를 지향한다면, 여기서는 부분이 최적인 상태를 지향한다고 볼 수 있다.

조직과 인재 중 어느 쪽을 중시하느냐는 트레이드오프의 관계에 있다. 다시 말해 양쪽 모두를 동시에 추구할 수는 없다. 어느 한쪽을 우선하거나 중시한다면, 다른 한쪽은 후순위로 미루거나 신경을 덜 쓰는 수밖에 없다. 경영진은 둘 사이의 비중을 미묘하게 조정하면서 최선의 결과를 도출하도록 노력한다. 일정한 제약 조건 아래에서 자원을 배분해 성과를 최대화하는 것. 이것이 바로

'최적화'이자 '전략적 의사결정'이다.

상반되는 양자 중 어느 쪽을 중시할지는 단기적이냐 장기적이냐 같은 시점에 따라서도 달라질 수 있고, 목적 또는 상황에 따라서도 달라진다. 가령 긴급한 위기 상황에서는 한 사람 한 사람의 성향과 사정을 고려할 여유가 없다. 살아남기 위해 체제를 긴급히 정비하고 사람을 배치해서 움직여야 한다. 그에 비해 평온한 시기에는 한 사람 한 사람의 커리어나 생각, 능력 등을 세밀하게 반영하는 편이 오히려 업무의 효율을 높일 수 있다.

다시 말하지만 조직이 우선이냐, 인재가 우선이냐는 양자택일의 문제가 아니다. 목적이나 상황에 따라 둘 사이에서 균형을 잡아나가는 것이 핵심이다. 전체 최적과 부분 최적 사이의 어떤 지점에서 더 높은 수준의 최적화를 실현할 것인가? 이것이 바로 큰 시각에서 바라보는 경영이라 할 것이다.

전략적 리더가 만들어내는 가장 멋진 정원

이 장의 첫머리에서 매니지먼트와 디벨로프먼트라는 개념을 이야기했다. 유한한 자원을 어떻게 배분할 것인가의 문제에도 이 개념을 적용할 수 있다. 매니지먼트란 사람을 통해서, 그리고 사람과 더불어 무언가를 이루어내는 작업이다. 한마디로 '사람'을 어떻게 할 것이냐가 바로 매니지먼트다. 한편 그런 사람의 본래 강점을 찾아내서 성장시키는 것이 곧 디벨로프먼트다.

사람은 저마다 서로 다른 생각과 세계관을 갖고 있다. 능력도 의욕도 취향도 각기 다르다. 그런 사람들이 모여 함께 일하기 위해서는 매니지먼트와 디벨프먼트 두 가지 모두 소홀히 할 수 없다. 그런데 이 문제도 마찬가지로 양쪽 모두에 전적으로 힘을 쏟기란 불가능하다. 상황에 따라 어느 쪽에 힘을 더 줄 것인지가 자연스럽게 달라진다.

어떻게 해야 사람이 조직에 공헌토록 하면서, 동시에 개인으로서 성장할 수 있을까? 매니지먼트와 디벨로프먼트 중 어느 쪽을 우선할 것인기? 매 순간 이를 고려하여 양자 사이에서 절묘하게 무게중심을 이동하는 것이 인재와 조직에 대한 전략적 의사결정의 핵심이다.

인재를 초목에 비유한다면 조직은 정원과도 같다. 비전을 바탕으로 인재와 조직을 연결해나가는 리더는 정원사에 비유할 수 있을 것이다. 초목 하나하나가 아름답고 곧게 자라는 것도, 정원이 전체적으로 조화로운 틀을 완성하는 것도 모두 중요하다. 정원사는 자신이 가진 시간과 에너지와 도구를 이용하여, 가장 멋진 풍

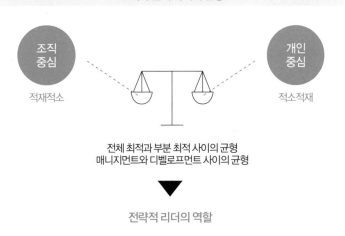

조직과 인재 사이의 균형

조직
중심

개인
중심

적재적소

적소적재

전체 최적과 부분 최적 사이의 균형
매니지먼트와 디벨로프먼트 사이의 균형

▼

전략적 리더의 역할

광을 선사할 정원을 만들 것이다.

인재가 먼저냐, 조직이 먼저냐의 논의는 이성과 열정의 논리로
도 각각 대변될 수 있다. 부디 차가운 머리와 뜨거운 마음을 겸비
한(반대의 조합이어서는 곤란하다) 전략적인 리더이자 정원사가 되
길 바란다.

MBA BASICS FOR THE BOSS

내부 마케팅,
사내의 고객을
먼저 확보하라

내부 고객 없이는
외부 고객을 얻을 수 없다

직원들에게 '업무'라는 상품을 팔려면

마케팅에는 내부 마케팅과 외부 마케팅의 두 종류가 있다. 외부 마케팅은 우리가 일반적으로 이야기하는 마케팅이다. STP 전략(시장 세분화, 타깃 설정, 제품 포지셔닝)을 포함해 다양한 마케팅 믹스(마케팅의 목표 달성을 위해 필요한 요소를 최적으로 조합하는 것-옮긴이)를 전개하는 일이 여기에 속한다. 외부 마케팅의 궁극적인 시점은 '치열한 경쟁이 벌어지는 시장 속에서 고객의 마음을 움직일 수 있느냐.' 하는 것이다.

한편 내부 마케팅은 '조직 내부를 대상으로 하는 마케팅'을 뜻한다. 흔히 말하는 마케팅과는 다른 의미라서 생소할 수 있지만, 실상 외부 마케팅만큼이나 중요한 기업의 경영 활동 중 하나다.

'마케팅의 대가'로 불리는 경영사상가 필립 코틀러(Philip Kotler)는 저서 《마케팅 관리론》에서 말하기를 "외부 마케팅 이전에 먼저 내부 마케팅을 실시해야 한다"고 주장했다. 사내의 직원들이 훌륭한 서비스를 제공할 마음가짐이 되어 있지 않은데, 그런 서비스를 고객에게 약속할 수는 없다는 이야기다.

내부 마케팅의 시각에서는 자사의 직원도 고객으로 여긴다. 이때의 '상품'이란 곧 '업무'다. 다시 말해, 회사는 직원들이 '업무'를 기꺼이 사도록 만들고 나아가 만족하게끔 해야 한다. 이를 통해 회사에 대한 충성도를 높인다는 발상이다. 직원들은 충성도가 높을 때 외부 고객을 만족시키기 위한 노력을 아끼지 않는다.

부서 간 자부심 싸움을 해결하려면

나는 미국과 영국 기업의 마케팅 부문에서 오랫동안 일했다. 이들 회사가 안고 있는 큰 문제 중 하나는 부문 간에 쉽게 조화를 이루지 못한다는 것이었다. 예를 들어 어떤 제품을 만들것인가에 대해서도 부서마다 생각이 다르다. 마케팅 부서는 '소비자의 니즈를 아는 건 우리'라는 자부심이 있으며, 개발 부서는 '새로운 것을 만들어야 회사가 발전한다'라는 의식이 강하다. 각 부문마다 이런 상품을 만들면 잘 팔릴 것이라는 논리가 있으며 그것을 주장한다. 기업 전체가 하나가 되어서 상품을 만들어나가는 것이 결코 쉬운 일이 아님을 통감하게 되는 장면이다.

마케팅 부문과 영업 부분도 마찬가지다. 분명히 최종 목표는 같지만, 목표의 시간축이 서로 다르다. 마케팅 부서는 '브랜드 파워를 구축하고 그것을 중장기적으로 어떻게 높여나갈 것인가?'라는 중요한 업무에 매진한다. 한편 영업 부서 사람들은 "브랜드가 중요한 건 알지만, 일단 이번 사분기 목표를 달성하는 게 선결 과제야. 눈앞의 목표가 중요하다고"라며 조바심을 낸다. 이 부조화를 해결할 방법은 무엇일까?

미국의 경우 CEO(최고경영자)나 COO(최고운영책임자), CFO(최고재무관리자), CTO(최고기술경영자)뿐 아니라, CMO(최고마케팅책임자)가 활동하는 회사들이 많다. 만약 강력하고 유능한 CMO가 나서서 마케팅과 연구개발, 마케팅과 재무, 마케팅과 제조, 마케팅과 영업이 서로 원활히 소통하고 목표를 공유하도록 한다면 부문 간의 부조화 문제를 해결하기가 한결 수월할 것이다.

다만 CMO에 적합한 인재는 지극히 한정적이다. 영업 부문 책임자나 브랜드 매니저로서 경험이 필요하며, 고객과 비즈니스 환경을 다각적으로 파악할 수 있는 뛰어난 분석 능력과 전략 수립 능력을 갖추어야 한다. 커뮤니케이션 능력이 우수해야 하며, 인망과 교양도 빼놓을 수 없다. 마치 예술부터 과학까지 폭넓은 학식과 교양을 갖추고, 스포츠도 만능이며, 다양한 악기를 다룰 줄 알고, 시간이 나면 시도 쓰는 레오나르도 다 빈치급 천재를 말하는 것 같다. 세상에 그 정도 인재는 흔치 않다. 미국에서도 CMO의 재임 기간은 CEO의 절반 이하라는 조사 결과가 있다. 그만큼 CMO는 맡은 일을 제대로 수행하기가 힘든 직위다.

파트타임 마케터, 모두가 마케터가 된다

그렇다면 천재 CMO를 보유하지 못한 일반 기업들은 어떻게 해야 할까?

첫 번째 접근법은 전원이 마케터가 되는 것이다. 즉, CMO 같은 슈퍼 마케터에 의지하는 것이 아니라 모두가 자신의 자리에서 마케터의 역할을 하는 것이다. 다른 말로 하자면 '파트타임 마케터'라 할 수 있다. 마케팅부에 소속된 직원들이 풀타임 마케터라면, 이들을 제외한 조직의 모든 구성원은 파트타임 마케터다. 전체가 마케터의 시선으로 고객을 상대하며 항상 고객의 니즈를 파악하고자 노력하고, 그 결과를 조직 내부에 활용하는 방식이다.

마케팅과 관련해 드러커는 '기업의 목적은 고객의 창조'라는 아주 중요한 말을 남겼다. 그리고 이렇게 덧붙였다.

"기업에는 '고객 창조'라는 목적을 위한 두 가지 기본적인 기능이 존재한다. 바로 마케팅과 이노베이션이다."

이노베이션은 하늘에서 뚝 떨어지지 않는다. 이노베이션을 이루기 위한 방법은 두 가지, 외부에서 들여오거나 아니면 내부에서 만들어야 한다. M&A 등을 통해서 우수한 기술이나 인재를 보유한 외부 기업을 받아들일 것인가, 아니면 사내의 자원을 바탕으로 이노베이션을 만들어낼 것인가? 외부의 힘을 빌리고 싶지 않다면 회사 내부에서 시도하는 수밖에 없다. 이때 큰 도움이 되는 것이 바로 내부 마케팅이다.

조직이 중장기적 목표를 달성하기 위해서는 내부 조직의 적극적인 협력이 필요하다. 이 협력을 끌어내기 위한 일련의 프로세스 혹은 커뮤니케이션을 곧 내부 마케팅이라 정의할 수 있다. 사원들이 부서나 계층을 초월해 긴밀하게 소통하고 협력할 때 이노베이션이 탄생하며 성과로 이어진다. 이러한 프로세스를 계속 반복하면 조직의 체질이 변화하고, 기업은 경쟁우위를 지속할 수 있다.

삼성이 고객을 창조하는 법

앞에서 이야기했듯이 내부 마케팅은 '직원도 고객'이라는 사고방식을 바탕으로 한다. 또한 전 직원이 마케터의 역할을 담당할 때 효과를 거둘 수 있다.

자세히 말하자면 고객에 관한 데이터를 수집하고 예측하는 일, 시장 환경을 분석하는 작업 등을 마케팅 부문에만 맡기지 않고 전 직원이 참여하는 것이다. 물론 마케팅 부서가 중심이 되어 역할을 수행하겠지만, 기업에서 일하는 모든 직원이 마케터라는 의식을 가지고서 행동한다. 드러커의 말처럼 기업의 목적이 곧 '고객 창조'라면, 기업 안의 모든 사람들이 '고객을 창조하는 마케터'이기를 바라는 발상이다.

삼성전자의 경우 매출의 90퍼센트를 해외에서 벌어들인다. 삼성은 미국이나 유럽의 회사에 진출하기보다 먼저 아프리카, 중동, 남아시아에 진출했다. '품질은 우리가 아닌 시장이 결정한다'는 것이 이 기업의 신조다. 삼성 그룹은 회장의 지시에 따라 명확한 전략 아래 세계 각지 시장의 특성에 맞춘 제품을 출시하는데 연구개발, 마케팅, 디자이너 부문이 하나가 되어 놀라운 속도로 신제품을 만들어낸다.

내부 마케팅의 또 한 가지 특징은 '전사적'이라는 점이다. 마케팅의 기능을 고객의 시점에서 재구성할 뿐 아니라 조직의 여러 부문 내에서, 그리고 부문 사이에서 유기적으로 연결 짓는 것이다.

예를 들어 삼성은 시장의 니즈를 명확히 파악하고 나면 부문 안팎을 초월해 의견을 교환하면서 팀 단위로 움직인다. 시장의 니즈에 가장 걸맞은 제품을 만들어내기 위해 프로젝트 단위로 일을 진행한다. 수직적인 구조를 마냥 따르는 것이 아니라, 각자가 가진 전문성을 토대로 협력하고 목적을 실현해나가는 시스템이다.

조직의 구성원 전체가 마케터가 되어 '전사적 마케팅'을 실시하면 조직 안팎의 벽은 점점 사라진다. 이럴 때 시장의 변화에 더 적절하고 민감하게 대응할 수 있다. 다시 말해, 내부 마케팅은 이노베이션을 창출하는 하나의 추진력이 된다.

구글이 아직까지 지키고 있는
가치관이 있다

내부 마케팅은 최고경영자로부터 시작된다

내부 마케팅은 어떤 절차를 통해 도입할 수 있을까?

가장 중요한 것은 최고경영자의 역할이다. 다음 페이지의 표는 조직의 성과가 향상되는 과정을 나타낸 것이다. 표의 세로축은 각 부문(혹은 개인)의 목표와 조직 전체의 목표가 얼마나 일치하는가를 보여주며, 가로축은 각 부문이나 팀끼리 얼마나 강하게 결집되어 있느냐를 나타낸다. 지향해야 할 상태는 왼쪽 위다. 만약 여러분의 회사가 현재 오른쪽 아래에 위치하고 있다면 단번에 왼쪽 위로 이동하기는 어렵다. 먼저 위로 이동하거나 왼쪽으로 이동하게

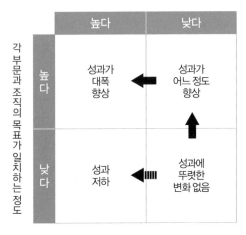

조직의 성과가 향상되는 순서

각 부문의 결집도

	높다	낮다
각 부문과 조직의 목표가 일치하는 정도 — 높다	성과가 대폭 향상	성과가 어느 정도 향상
각 부문과 조직의 목표가 일치하는 정도 — 낮다	성과 저하	성과에 뚜렷한 변화 없음

*출처: S. P. 로빈스(2009), p.185

될 텐데, 왼쪽으로 이동하는 경우에는 성과가 저하된다. 즉, 각 부문과 조직 전체가 목표를 공유하지 못한 상태에서 그룹끼리만 강하게 결집한다면 그 조직은 성과를 내기 힘들다는 뜻이다.

여기서는 먼저 각 부문의 목표와 조직의 목표가 일치하도록 만드는 것이 중요하다. 그리고 이를 앞장서서 이뤄내야 할 사람은 최고경영자다. 즉, 리더부터 의식을 개혁한다면 내부 마케팅을 도입하기가 수월해진다.

내부 마케팅을 활성화하기 위해서는 조직의 현재 상황을 파악하는 일 또한 중요하다. 우리 연구실에서는 리서치 회사와 공동으로 기업의 내부 마케팅 실태 조사에 나섰다. 여러 기업들을 대상으로 부문별, 직급별로 설문조사를 실시하고 내부 마케팅에 관한 각종 현황을 측정했다. 그렇게 511개 회사를 조사한 결과 하나의 모델을 도출할 수 있었다.

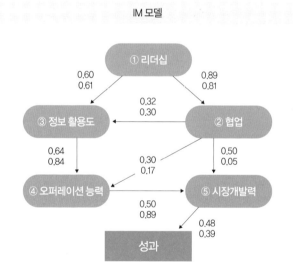

IM 모델

* 화살표는 직접적인 인과 관계를 나타낸다. 화살표에 적혀 있는 수치 가운데 위는 '마케팅을 원활히 실시하고 있다'고 대답한 기업군, 아래는 '그렇지 않다'고 대답한 기업군의 답변을 수치화한 것이며, 숫자가 클수록 영향이 강함을 의미한다(2009년 10월 조사)

여기서 성과에 영향을 미치는 조직 내의 요인으로 리더십, 협업, 정보 활용도, 오퍼레이션 능력, 시장 개발력을 꼽았고, 마케팅이 원활히 실시되는 기업과 그렇지 않은 기업의 차이를 조사했다. 이 다섯 가지 요인에 대해 설명하자면 아래와 같다.

① **리더십**: 경영진이 명확한 중장기적 지침을 내걸며, 사내에서 그 지침을 철저히 지키고 있는가?

② **협업**: 부문 간, 부문 내에 자유로운 논의, 협력, 연계가 이루어지는가?

③ **정보 활용도**: 사내 및 사외의 정보를 적극 수집하며 활용하는가?

④ **오퍼레이션 능력**: 현장이 효율적인 대응 능력을 갖추었는가?

⑤ **시장개발력**: 신제품과 새로운 서비스를 만들어내고 전개하는 능력이 있는가?

내부 마케팅이 원활히 실시되는 기업에서는 협업이 활발히 이루어지며, 특히 시장개발력과 협업 사이에 높은 상관관계가 있는 것으로 나타났다. 반면에 내부 마케팅이 원활하지 않다고 답한 기업들은 오퍼레이션 능력이 상대적으로 높았다. 말하자면 현장 중심의 조직이라 볼 수 있다. 현장의 사람들이 성실히 뛰면서 시장개발력을 높여나가고, 이를 통해 기업 전체의 성과를 올리는 방식이 이들 기업의 특징이다. 물론 오퍼레이션 능력은 중요한 자산이다. 다만 언제까지나 현장의 노력에만 의지해서 성과를 올릴 수는 없다는 점을 기억해야 한다.

내부 마케팅이 원활치 않은 기업들은 무엇보다 조직 내의 협업을 강화할 필요가 있다. 문제를 명확히 확인했을 때는 최고경영자나 임원들과 공유하고 그것을 어떻게 해결할지 논의하는 분위기가 조성되어야 한다. 실무 회의를 진행하는 워킹그룹이나 위원회 등을 구성하여 개별 안건을 논의하는 시스템 또한 필요하다.

누구도 회의에서 바보가 되게 하지 말라

1993년, 당시 빈사 상태였던 IBM의 CEO로 취임한 루이스 거스너(Louis Gerstner)는 이런 말을 했다.

"취임 직후, 약 여덟 시간에 걸친 전략회의가 있었다. 전문적인 기술 용어와 난해한 설명이 사방에서 쏟아지는 가운데, 나는 사람들이 무슨 말을 하는지 단 한마디도 이해할 수가 없었다. 좌절감에 빠져 집에 도착해서는 마티니를 들이켰다."

거스너는 IBM으로 헤드헌팅 되기 전에 세계적 기업인 RJR나비스코의 CEO을 역임한 인물이다. 그런 그가 부임 후 첫 회의에서 마치 바보가 된 것 같은 경험을 했던 것이다. 결코 기술적인 배경 지식이 없었기 때문이 아니다. 거스너 정도의 인물도 회의의 내용을 전혀 이해할 수 없었던 이유는 회사 내부에서 통용되는 특수한 용어(은어)를 몰랐기 때문이다. 그래서 거스너는 '완전히 다른 세계에 온 것 같았다'고 당시 기분을 표현했다. 거스너는 말하기를, 또 한 가지 마음에 걸렸던 점이 있는데 장시간의 회의 도중에 단 한 번도 고객 세그먼트(Cumstomer Segment, 타깃 고객 분류)라는 말이 나오지 않았다는 것이라고 했다.

이후 거스너는 매우 대담하고도 단순한 변혁을 시작했다. 뛰어난 경영자는 재무제표만이 아니라 회의에서 사용되는 용어, 경영진의 복장, 회의를 하는 태도나 말투 등에서도 직감적으로 그 회사의 본질과 특징을 간파하는 능력이 있는 법이다.

거스너의 일화에서 알 수 있는 것은, 내부 마케팅을 실현해 성과를 올리기 위해서는 조직 내에 투명성을 확보해야 한다는 것이다. 각 부문 내에서, 부문과 부문 사이에, 그리고 조직의 모든 층위에서 단순하고 투명한 소통이 이루어져야 한다.

구글이 '구글다움'을 지키는 비결

구글은 매우 우수한 두뇌 집단으로 알려져 있다. 현재 미국의 비즈니스스쿨이나 대학원 학생들 중에서도 뛰어난 인재들이 가장 일하고 싶은 직장으로 꼽는 곳이 구글이다.

구글은 2004년에 주식을 상장했는데, 이때 언론에서는 주식을 상장하면 '구글다움'을 잃어버리지 않을까 우려했다. 주식을 보유한 직원과 그렇지 못한 직원들 사이에 위화감이 조성돼 조직이 삐걱대고, 주식을 팔아서 큰돈을 손에 넣고 회사를 그만두는 사람이 속출하리라는 예상이 잇따랐다. 또한 조직이 비대해져서 구글 특유의 속도감이나 참신함이 사라지지는 않을까 하는 우려도 있었다.

그러나 구글의 회장이었던 에릭 슈미트(Eric Emerson Schmidt)는 당시를 회상하기를, 실제로는 달라진 것이 거의 없었다고 한다. 그 이유로는 첫째, 구글의 기본적인 가치관을 훼손하지 않으며 둘째, 그 가치관을 우수한 인재와 공유하고 셋째, 목표를 흔들림 없이 유지한다라는 세 가지를 실천했기 때문이라고 그는 설명한다. 구글의 모토 중 하나는 '사악해지지 말자(Don't be evil)'다. 매우 재치 있고, 대담하며, 정곡을 찌르는 가치관이다. 이런 철학을 우수한 인재들과 명확히 공유해왔기에 주식 상장에 휘둘리지 않는 조직 풍도를 조성할 수 있었으리라. 조직의 내부 마케팅에서 반드시 기억해야 할 핵심이다.

기분 좋은 일터에 창조성이 고인다

내부 마케팅에서 생각해야 할 또 한 가지는 '기분 좋은 직장'을 만드는 일이다. 의견을 자유롭게 교환하고 협업이 활발히 일어나는 문화를 정착시키려면 꼭 필요한 일이다.

구글 일본 법인의 사장은 이런 일화를 소개한다.

그가 갓 사장으로 부임했을 무렵이었다. 엘리베이터를 탔는데 한 젊은 사원이 커피를 손에 든 채 말을 걸어왔다.

"새로운 일에는 좀 익숙해지셨나요?"

스스럼없는 직원의 말투에 조금 당혹감을 느끼면서도 그는 미소로 답했다.

"뭐, 그럭저럭요."

그러자 그 직원은 태연하게 한마디 덧붙이고는 엘리베이터에서 내렸다.

"그렇군요. 다행이네요. 그럼 수고하세요."

사장과 직원이 서로 뒤바뀐 상황라고 할 만하다. 이는 구글이라는 회사의 분위기를 엿볼 수 있는 상징적인 이야기이기도 하다.

신임 사장이 혼란을 느낀 것은 그 일뿐만이 아니었다. 그가 구글에 출근해서 제일 먼저 본 광경은 밸런스볼에 앉아서 전화 통화를 하고 있는 젊은 여성 사원의 모습이었다. 게다가 옆에는 애완견까지 함께 앉아 있었다.

애완견과 함께 출근하고, 사무실에서 운동기구를 사용할 수 있는 회사란 어떤 곳일까? 상사를 부를 때 '부장님'이 아닌 '아무개씨'라고 지칭한다면?

자유롭고 유쾌한 공간은 무엇이든 활발히 공유하고 토의하고 고민하는 분위기를 조성한다. 사무실은 단순히 맡은 일을 처리하는 곳이 아니다. 개인의 창조성이 고이고, 동료들과 모여 시너지 효과를 발산하는 공간이다. 그런 장소에서 새로운 가치가 자연스럽게 탄생한다.

내부 마케팅이 죽은 회사를 다시 일깨우려면

내부 마케팅이 제대로 이루어지지 않는 기업들을 들여다보면 공통적인 특징을 찾아볼 수 있다. 인사평가 제도부터 경영자의 리더십, 직원들의 업무 진행 방식이나 기업 문화 등 다양한 부분에서 경직되고 폐쇄된 양상을 보인다.

거스너는 저서 《코끼리를 춤추게 하라》에서, IBM을 매니지먼트할 때 열쇠가 되었던 한 가지 단어를 '열정'이라 꼽았다. 그가 하버드비즈니스스쿨에서 공부한 2년 동안은 단 한 번도 들어본 적 없던 말이었다. 지금은 아마 달라졌겠지만, 당시는 '열정' 같은 추상적인 개념은 배제하고 숫자에 입각한 분석과 전략 책정만을 가르치던 시절이었으리라.

내부 마케팅이 죽은 회사는, 거스너가 말하는 '열정'이 사라진 회사다. 모든 구성원이 부서나 직급을 초월해 긴밀하게 소통하고

내부 마케팅이 결여된 기업의 특징

- 정보가 공유되지 않는다. 사원들의 의식이나 조직 시스템이 배타적이며, 개인과 개인이 열린 통로를 이용해 원활히 소통하지 않는다.
- 성과를 효과적으로 평가하지 않는다. 그 결과 직원들이 스스로 도달할 목표나 성과를 낮추어 설정한다.
- 최고경영자의 이해도가 낮다. 조직의 리더십이 결여되어 있다.
- 사무실 공간이 물리적으로 분단되어 있다.
- 여러 사람이 함께 모일 만한 공간이 없으며, 그런 시간을 만들지 않는다.
- 프로젝트 기반으로 업무를 진행하는 습관과 노하우가 없다.
- 각자의 전문성을 인정하고 존중해주는 문화가 없다.
- 타 부서, 다른 팀원의 업무에 관심을 보이지 않으며 관여하지도 않는다.

협력하는 조직. 놀라운 성과와 이노베이션을 저마다 상상하고 만들어내는 조직을 원한다면 내부 마케팅에 집중해야 한다.

다음의 세 가지 질문은 내부 마케팅을 시도할 때 중요한 실마리를 던져준다. 전체 직원이 이 질문에 답해보도록 하면 큰 도움이 될 것이다. 여기 질문에서 말하는 '고객'은, 일반적인 외부 고객과 사내 고객 양쪽을 모두 가리킨다. 각각 나누어서 대답해보자.

1. 당신의 고객은 누구인가?
2. 당신은 그 고객을 위해 무엇을 할 수 있는가?
3. 당신은 그것을 실현하기 위해 어떤 일을 하고 있는가?

마지막으로, 내부 마케팅을 실현하기 위해 중요한 네 가지 요소를 요약하는 것으로 이 장을 정리할까 한다.

첫째는 '사람(People)', 둘째는 '열정(Passion)', 셋째는 '프로페셔널리즘(Professionalism)', 넷째는 '프로젝트(Project)'다.

각 요소의 첫 글자를 따 '내부 마케팅의 4P'라고 불러도 좋을 것이다. 내부 마케팅이 활발히 이루어지는 회사에서는 일부 우수한 직원만이 아니라 팀 혹은 해당 프로젝트의 멤버 한 사람 한 사람이 깨어 있다. 회사가 왜 존재하는지, 비전은 무엇인지, 목표는 무엇인지, 그리고 자신이 내야 하는 성과는 무엇인지를 뚜렷이 이

해한 상태에서 열의와 전문성을 가지고 고객을 상대한다. 이 4P
를 제대로 갖춘 조직이 내부 마케팅을 가시적인 성과로 연결 지을
수 있다.

MBA BASICS FOR THE BOSS

리더십이야말로
미래를 개척하는
가장 쉬운 길

방관자를 내 편으로
끌어들이는 능력에 대해

무엇을 리더십이라 하는가

기업들의 의뢰로 리더십 연수를 맡아 진행할 때면 '리더십'을 주제로 그룹워크를 실시하곤 한다. 그룹별로 토의를 거쳐 '진정한 리더'라 생각하는 인물과 '자질이 부족한 리더'라고 생각하는 인물을 각각 꼽도록 하는데, 업계의 유명하고 걸출한 리더들의 이름이 오르내린다. 재미있는 사실은, 어떤 그룹에서 진정한 리더로 언급된 사람이 다른 그룹에서는 부족한 리더로 거론되는 경우가 흔하다는 것이다.

'절대적인 리더십'이란 정의하기가 매우 어렵다는 점을 여기에서 알 수 있다. 요컨대 리더십에는 '유효 범위'라는 것이 있다. 해당 유효 범위 안에 있는 사람들에게는 누군가의 행동이 리더십으로 느껴질 것이고, 유효 범위 밖의 사람들에게는 그렇지 않을 것이다.

사람들이 원하는 리더십은 이렇게 상황에 따라 달라질 테지만, 모든 리더가 갖추어야 할 공통적인 덕목은 분명히 있다. 이에 대해 드러커는 아래와 같이 이야기했다.

"훌륭한 리더십은 멋진 연설을 할 줄 알거나 모두의 지지를 받는다거나 하는 자질만이 아니라 결과로 판단하는 것이다."

모든 리더의 주위에는 뜻을 함께하고 따르는 지지자들이 있다. 리더는 이들에게 굳건한 신뢰와 호감을 얻으며, 때로는 멋진 연설로 감동을 선사하기도 한다. 하지만 그것만으로는 부족하다. 리더는 어떤 뚜렷한 가치를 제공하는 사람이어야 한다.

지지자들로 구성된 조직을 '커뮤니티'라고 한다면, 그 바깥쪽은 이런저런 관계로 얽힌 수많은 이해관계자들이 둘러싸고 있다. 이 집합을 '소사이어티'라고 부른다. 리더는 커뮤니티 안의 지지자들을 하나로 결집시킬 뿐만 아니라, 소사이어티에도 지속적으로 긍정적인 가치를 제공해야 한다. 또한 조직의 비전을 결정하는

사람으로서, 조직이 나아갈 방향을 면밀한 전략과 함께 제시할 수
있어야 한다.

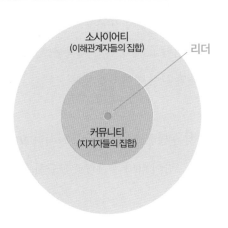

리더, 커뮤니티, 소사이어티의 관계

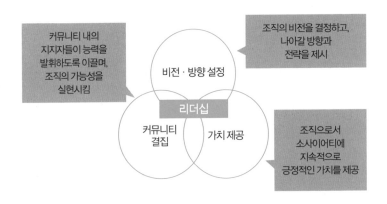

리더십의 기본적인 세 가지 덕목

사장을 위한 교양 MBA

리더는 어떻게 행동하는가

앞서 이야기한 세 가지 덕목을 잘 알려진 유명 경영자에 대입해보자. 미국의 대표적인 경영자 잭 웰치(Jack Welch)가 좋은 사례가 될 듯하다. 웰치는 GE에 부임한 후 관료적인 조직 구조를 재편하고 대대적인 개혁을 시도했다. 이때 시장에서 2위 안에 들지 못하는 사업은 철수한다는 명확한 방향을 제시했으며, '커뮤니티'를 조성하는 데도 심혈을 기울였다. 뉴욕에 사내 비즈니스스쿨 성격의 리더십 개발연구소를 설립해 독자적인 사원 교육을 실시했고, 상당한 시간을 투자해 측근을 양성했다. 외부에 제시하는 '가치' 면에서도 모자람이 없었다. 그는 GE를 완전히 재건해 초우량 기업으로 변모시키는 데 성공했다. 리더의 세 가지 덕목을 충족시키고도 남음이 있다.

르노의 회장이자 CEO였던 카를로스 곤은 어떨까? 일단 그의 비전과 방향성은 매우 명확하다. '커뮤니티 결집'의 경우는 어떨까? 단신으로 닛산 자동차에 뛰어들었지만 '곤 칠드런'으로 불리는 심복들을 열심히 키워내 탄탄한 커뮤니티를 만들어나갔다. 게다가 극적인 경영 쇄신에 성공함으로써 외부 소사이어티에도 탁월한 가치를 제공했다. 그런 측면에서 곤은 리더의 역할을 틀림없이 해냈다. 여기서 소사이어티 밖의 사람들에게는 곤이 리더이든 아니든 아무런 상관이 없다. 어디까지나 소사이어티 내부의 관점에서는 '리더'인 셈이다.

이처럼 뛰어난 리더들의 덕목은 구체적인 행동을 통해 드러난다. 각각의 덕목에 어떤 행동 요소들이 뒤따르는지 정리해보면 아래와 같다.

멀리 바라보는 힘

뚜렷한 비전과 방향을 제시하는 리더들은 특히 '선견지명'이 뛰어나다. 리더라면 높은 곳에 올라서서 먼 곳을 바라볼 필요가 있

리더는 어떻게 행동하는가

비전 · 방향 설정	커뮤니티 결집	가치 제공
• 선견지명	• 공감 능력	• 자기 관리 능력
• 큰 그림	• 흡인력	• 순발력
• 상황 판단력	• 타인 존중	• 회복력
• 위험 감수	• 타 문화 포용력	• 개혁적 성향
• 연설 능력	• 듣는 태도	• 호소력
• 논리적 사고력	• 코칭 능력	• 인내력
• 상황 판단력	• 오픈 마인드	• 도덕성
• 의사 결정력	• 인재 육성 능력	• 성실성
• 신념과 열의	• 헌신	• 네트워크 능력

다. 보통 직급이 높을수록 더 먼 미래까지 염두에 두고 고민을 하게 된다.

아래 그래프는 시간의 흐름에 따라 사업 계획의 예측성이 어떻게 달라지는가를 나타낸 것이다. 충분히 예상할 수 있겠지만, 시간이 지날수록 예측성은 기하급수적으로 하락하며 불확실성은 반대로 점점 상승한다.

내년의 사업 계획을 세울 때는 구체적인 수치와 전략을 동원한다. 시장의 상황이나 매출액, 이익을 예측하면서 목표를 설정하고 그 목표를 이루기 위해 세밀한 계획을 세운다. 이것이 단기적인

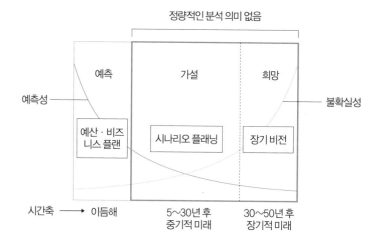

장기 비전과 시나리오 플래닝

미래에 대한 대응 방법이다.

하지만 긴 시간 축을 바탕으로 장기적인 미래를 생각할 때는 좀 더 추상적인 비전을 떠올리게 된다. '30년 후쯤에는 이런 회사가 되고 싶다'라고 희망하는 식이다.

미국의 대표적인 싱크탱크 랜드연구소는, 먼 미래에 대응하기 위한 방법론으로 '시나리오 플래닝'이라는 기법을 고안했다. 간단히 설명하자면 '만약 이러이러한 일이 일어난다면?'이라는 여러 가지 가설을 세우고서 여기에 따라 각각 시나리오를 만드는 것이다.

관리자는 가까운 미래를 떠올린다. 정확한 숫자를 파악하고 확실한 비즈니스 플랜을 세워서 차질 없이 수행하는 것이 이들의 역할이다. 한편 리더는 프레리도그처럼 바위 위에 올라서서 먼 곳을 바라보며, 무리를 지키기 위해 온갖 변수를 예측한다. 만약 시야에 코요테가 나타난다면? 만약 공중에서 매가 습격해 온다면? 각 상황에 어떻게 대처할지를 머릿속에 그리며 시나리오를 생각해 놓는다.

이런 선견지명은 훈련을 통해 갈고닦을 수 있다. 시나리오를 예상하고, 그에 따른 대응 방법을 마련하고, 상황에 맞추어 시나리오를 수정하고 보완하는 사고 패턴을 습관화하는 것이 방법이다. 리더가 조직의 다른 구성원들처럼 단기적인 미래에만 초점을 맞

추고 힘을 쏟는다면 그 무리의 수명은 아마도 그리 길지 못할 것
이다.

방관자를 내 편으로 끌어들이는 능력

리더가 커뮤니티를 결집시키려면 무엇보다 주변 사람들을 끌어
들이는 힘, 즉 흡인력이 있어야 한다.

'20-30-50의 법칙'이라는 것이 있다. 일반적으로 지지자가
20퍼센트라면, 반대하는 사람들이 30퍼센트, 찬성도 반대도 하
지 않는 방관자가 50퍼센트라는 이야기다. 방관자는 영어로 '펜
스 시터(fence-sitter)', 그러니까 '담장에 앉아 있는 사람'이라고
표현한다. 지지자와 반대하는 사람들 사이에는 명확한 담장이 있
다. 방관자는 거기 올라 앉아 양쪽에 다리를 내려뜨리고는 상황을
지켜본다. 리더는 담장 위의 이 사람들을 다룰 때 특히 세심한 주
의를 기울여야 한다. 언제라도 찬성 측, 혹은 반대 측으로 뛰어내
릴 수 있기 때문이다.

리더에게 커뮤니티의 존재는 반드시 필요하다. 하지만 그 커뮤
니티 내의 모든 사람들이 지지자는 아니라는 사실을 자각해야 한
다. 많은 리더들이 지지자 숫자를 실제보다 과하게 어림셈하고,

반대하거나 저항하는 세력은 축소해서 예상하곤 한다. 그러나 현실에서는 지지자보다 반대 세력이 더 많은 것이 일반적이다. 방관자들이 담장에서 내려와 지지를 보내고, 저항하는 사람들이 중립적인 태도로 전환하도록 만들기 위해 리더에게는 커뮤니케이션 능력이 필요하다.

글로벌 리더가 미래를 그리는 법은
이렇게 다르다

임계점을 어떻게 현명히 통과할 것인가

비즈니스가 글로벌화되는 과정에서는 조직 구조나 시스템을 근본적으로 바꿔야 하는 시기가 반드시 찾아온다. 이는 물리학에서 말하는 '상전이' 현상과도 비슷하다. 상전이란, 동일한 물질이라도 온도나 압력 등의 외부 변수가 임계점을 초과하면 다른 결정 구조, 성질로 변화하는 현상을 말한다. 비즈니스도 마찬가지여서, 글로벌화가 진전되어 어떤 변수가 임계점을 초과하면 조직은 이전과 똑같은 형태로 머무를 수 없다. 구조와 성질을 변화시키지 않고서는 존속 자체가 어려워진다.

글로벌 기업에 필요한 '조직의 상전이'

조직과 시스템 →

상전이

• 현지 사장의 참여 저조
• 본사에 권한 집종
• 본사 중심의 정보관리
• 글로벌 인사 기능 결핍
• 주재원을 통해 현지 법인 운영
• 인재의 현지화 지연
• 글로벌 인재 개발 부진
• 사무 생산성 저하

• 현지 사장의 적극적 참여
• 확고한 비전공유
• 효율적인 조직 운영
• 글로벌 리더를 통해 오퍼레이션 강화
• 인사 기능을 적절히 분산 및 집중
• 글로벌 인재의 육성과 관리
• 사내 커뮤니케이션 개혁
• 사무 생산성 상승

임계점 ⟶ 비즈니스의 글로벌화

글로벌화를 추진해나가려면 낡은 조직 형태와 시스템을 날렵하게 바꿔야 한다. 예를 들어 해외에 진출한 기업이 현지에서 의사결정을 할 때마다 본사에 일일이 의견을 물어보는 불필요한 과정을 거친다면 순발력 있는 대처를 하지 못할 것이다. 효율성이 떨어진 조직은 세계 시장에서 어느 순간 도태되고 만다. 그렇기에 조직 운영을 효율화하고, 세계에 통용되는 글로벌 비즈니스 리더를 육성하는 일이 반드시 필요하다.

당신은 어떤 미래를 그리는가

글로벌 리더가 중요한 이유는 여기에 기업의 미래가 결정되고, 나아가 국가의 미래까지 좌우되기 때문이다. 기업들이 글로벌 경쟁력을 갖추느냐, 그리고 정부의 글로벌 정책이 얼마나 개방적이냐에 따라 그 나라는 다양한 모습의 미래를 그려나가게 된다.

다음 페이지의 매트릭스는 시나리오 플래닝 기법을 이용해 한 나라의 30년 후 미래를 그려본 것이다. 세로축은 글로벌 경쟁력을, 가로축은 정부의 이민 정책을 지표로 삼았다.

기업의 글로벌 경쟁력이 저하되고 정부가 이민자를 받아들이지 않는다는 선택을 했을 때, 그 사회의 30년 후 시나리오는 한마디로 '황혼에 접어든 관광의 나라'가 된다. 제조업을 비롯해 사회를 지탱하던 기업과 경제 전체의 지반이 서서히 침하하고, 자급자족의 경제를 외치는 상황에 도달한다. 한편 수도권을 중심으로 토지와 빌딩은 중국계 등 외국 부동산 업자에게 팔려나간다. 그런 가운데 국민들은 녹색 자연과 신선한 공기, 지역 특산물 등을 무기 삼아 관광의 도시, 관광의 나라를 지향한다는 시나리오다. 다만 관광만으로 국민 대다수가 먹고 사는 데는 한계가 있으므로 생활수준은 상당한 인내가 요구되는 지점까지 떨어질 것이다.

또 하나의 시나리오는 정부가 이민자를 받아들였지만 그 나라

글로벌 경쟁력에 따른 '30년 후 시나리오'

		받아들이지 않는다	받아들인다
기업의 글로벌 경쟁력	**높아진다**	**신기한 마니아의 나라** • 독자적인 정치 및 사회 분위기 고수, 문화 보전 • 국력이 크게 상승하지는 않지만 국제적으로 존중받음 • '독특한 나라'라는 이미지 • 세계 표준을 쥐고 있는 소규모 제조사 • 이 나라 문화에 대한 관심 상승 • 언어나 문화가 세계적으로 유행이 됨	**코즈모폴리턴 나라** • 이상적인 세계화 도시 • 사회가 다양화, 다언어화됨 • 해외의 수준 높은 인재들을 유치 • 글로벌화가 더욱 가속화 • 문화의 혁신
	저하된다	**황혼에 접어든 관광의 나라** • 경제의 지반 침하 • 기업 가치 하락 • 자급자족의 경제 • 수도권을 매점하는 외국계 부동산 업자 • 자연을 내세운 관광국으로 전환 • 국민들은 서비스 산업에 의지하여 생활	**시끄러운 사건 사고의 나라** • 노동 집약적 직종에 외국인 노동자가 몰림 • 리틀 인디아, 리틀 상파울루 • 모스크, 힌두교 사원이 곳곳에 • 사회에 녹아들지 못하는 이민자들 • 각 도시에서 민족 간 분쟁이 발발

이민 정책

기업들의 글로벌 경쟁력이 하락하는 경우다. 이때 사회는 심각한 이민자 문제를 겪게 된다. '시끄러운 사건 사고의 나라'라고 불러도 지나치지 않을 것이다. 노동 집약적인 직종에 외국인 노동자들이 몰려들지만, 이민자들은 사회에 좀처럼 녹아들지 못한다. 외국

사장을 위한 교양 MBA

인 거주자들이 밀집된 지역이나 공단 등에서 이들이 지역 주민과 갈등을 일으켰다는 사건 사고 뉴스가 심심치 않게 들려온다.

한편 글로벌 경쟁력은 높아지는 가운데 이민자를 받아들이지 않는다는 선택을 한다면 어떻게 될까? 이 시나리오에는 '신기한 마니아의 나라'라는 제목이 적합할 듯하다. 사회에 역동적인 변화는 없지만, 외부에서 보기에 상당히 독특하고 고유의 개성이 보존된 나라로 인식될 가능성이 크다. 이 나라 문화에 관심을 가지는 외국인들이 있어서 마니아들이 즐겨 찾는 나라가 된다.

마지막 조합은 기업의 글로벌 경쟁력이 매우 높고 이민자를 받아들이는 선택을 하는 경우다. 이 시나리오의 제목은 '코즈모폴리턴 나라'로 붙이면 어떨까 한다. 세계의 뛰어난 인재들이 몰려오고, 그 사람들이 기업의 글로벌화를 한층 가속시켜 준다. 실제로 싱가포르는 바로 이 시나리오를 실현한 나라다.

한 나라의 30년 후 모습은 기업의 글로벌화 정도에 따라 크게 좌우되리라는 것을 쉽게 예상할 수 있다. 다시 말해 기업의 글로벌화와, 그 열쇠를 쥐고 있는 글로벌 인재를 육성하는 일은 단순한 유행으로 끝나서는 안 되는 과제다.

다음 도표는 기업들의 글로벌화 유형을 설명하는 '통합-적응 모델'이라는 것이다. 이 모델은 국제 경영에서 어느 정도 통합을 이루었는가, 그리고 현지 시장에 얼마나 적응했는가에 따라 기업의 유형을 분류한다. 대부분의 수출형 기업들은 이중에서 '인터내셔널 기업'이나 '멀티내셔널 기업'의 틀에 속한다.

한 나라의 미래는 기업의 글로벌화가 어떤 방향으로 진행되느냐에 크게 좌우된다. 기업들이 국제 경영에서 맞닥뜨리는 통합의 요구에 적극적으로 부응할 때 '글로벌 기업' 혹은 '트랜스내셔널

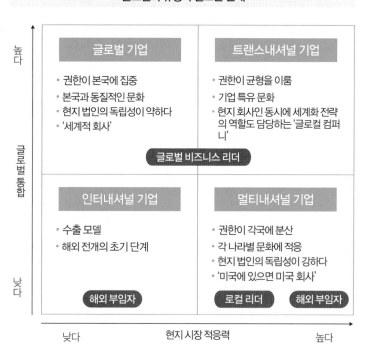

글로벌화 유형과 필요한 인재

글로벌 기업
- 권한이 본국에 집중
- 본국과 동질적인 문화
- 현지 법인의 독립성이 약하다
- '세계적 회사'

트랜스내셔널 기업
- 권한이 균형을 이룸
- 기업 특유 문화
- 현지 회사인 동시에 세계화 전략의 역할도 담당하는 '글로컬 컴퍼니'

글로벌 비즈니스 리더

인터내셔널 기업
- 수출 모델
- 해외 전개의 초기 단계

해외 부임자

멀티내셔널 기업
- 권한이 각국에 분산
- 각 나라별 문화에 적응
- 현지 법인의 독립성이 강하다
- '미국에 있으면 미국 회사'

로컬 리더   해외 부임자

높다 / 낮다 — 글로벌 통합

낮다   현지 시장 적응력   높다

기업'의 단계로 뛰어오르게 된다. 그리고 이때 열쇠를 쥐고 있는 존재가 바로 '글로벌 리더'다.

해외 부임자와 글로벌 리더의 차이

많은 기업들이 해외 지사를 운영하면서 '파견 근무'의 방식을 택한다. 현지의 거점에 국내 인사를 몇 년 단위로 파견하여 그곳의 우수한 인재를 고용하도록 하는 식이다. 이렇게 정해진 기간 동안 해외로 발령받아 일하는 사람은 감독관, 중재자의 역할을 맡는다. 그러나 '글로벌 인재'라고 한다면 회사의 미션과 이념을 현지 사람들에게 깊이 스며들게끔 만들어야 한다. 더불어 현지화에 깊숙이 관여해 그 프로세스 속에서 다양한 노하우를 습득하고, 이를 현지의 오퍼레이션에 빠르게 전달해야 한다. 본사를 바라보며 일하는 것이 아니라 현지의 조직과 정면으로 마주하는 것이 글로벌 리더의 역할이다.

이때 중요한 것이 앞서 말했던 '커뮤니티'다. 기업의 비전이나 방향성, 가치는 자본주의 사회라면 국경을 초월해 대체로 공유하기가 쉽다. 그러나 커뮤니티를 만드는 일은 그렇지가 않다. 태어나서 자란 환경이라든가 사고방식, 가치관이 다른 사람들 속에서

해외 부임자와 글로벌 리더의 차이

해외 부임자		글로벌 리더
• 로테이션 시스템에 따라 해외 지사에 부임	⟷	• 전략적 임무를 부여받고 부임
• 외교관, 감독, 중재자, 기술 지도자의 역할	⟷	• 회사의 미션이나 이념을 현지 사원들에게 전할 수 있는 리더
• 해외의 '자국인 타운' 내에서 비즈니스를 한다	⟷	• 현지화에 깊게 관여하고, 여기에서 얻은 지식을 본사 및 타국 오퍼레이션에 전달한다
• 본사를 바라보며 일한다	⟷	• 현지의 조직과 정면으로 마주한다
• 현지에서 흔히 'sea gull(갈매기처럼 다른 사람의 영역에 날아와 똥을 싸고 돌아간다는 뜻—옮긴이)로 불린다	⟷	• 현지 사원들에게 리더·매니저로 인정받는다

커뮤니티를 조성하고 유지하는 것은 매우 어려운 일이다.

그렇기에 글로벌 리더는 소통에 집중해야 한다. 조직 내에서 합의를 통해 목표를 설정하고, 그 목표에 도달할 수 있도록 구성원들을 지도하며, 긴밀한 대화의 창구를 늘 열어놓아야 한다.

MBA BASICS FOR THE BOSS

우리 회사가
세계 시장에서
무엇을 얻을 것인가?

단순 글로벌화의 시대는 끝났다

숲만 보아서는 글로벌 경영을 할 수 없다

만약 당신이 해외에서 사업을 할 기회가 생긴다면 아프리카를 택하겠는가, 미국 뉴욕을 택하겠는가? 두 번 생각할 것도 없이 뉴욕이라고 말하는 사람들이 대부분이겠지만, 잘 생각해보라. 뉴욕에 가더라도 사업의 기회는 크게 늘어나지 않을지 모른다. 아니, 오히려 빈틈없이 채워진 시장의 틈바구니를 비집고 들어서려다가 좌절할 가능성이 크다. 그에 비해 아프리카에는 무한한 성장 잠재력이 있다.

사업의 기회는 세계 어디에서 발생할지 알 수 없다. 그렇게 생각하면 어떤 나라의 시장에서라도 사업을 할 수 있다는 마음가짐이 필요하다. 미국이나 유럽에서 사업을 할 때 그곳의 문화와 실정에 초점을 맞추듯 중국이나 인도, 혹은 아프리카에 간다면 그곳 시장에 뿌리를 내리기 위해 현지에 맞춘 대응을 해야 한다. 이것이 글로벌 경영의 기본적 자세다.

숲을 보는 넓은 시야와 더불어, 그 안에 있는 나무 한 그루 한 그루를 식별하는 감각도 갖추어야 한다. 침엽수인지 활엽수인지 구분할 줄 알아야 그 나무의 생태에 걸맞은 접근을 할 수 있다. 또한 나무와 나무가 어떻게 연결되어 거대한 숲을 이루는지도 파악해야 한다.

단순 글로벌화의 시대는 끝났다

세계를 무대로 기업을 경영할 때는 글로벌화, 현지화, 국제화라는 세 가지 키워드를 하나로 묶어서 생각해야 한다.

글로벌화는 뭐니 뭐니 해도 효율성 추구에 중점을 둔다. 규모의 경제를 실현하지 못한 글로벌화는 성공하기 어렵다. 그러나 효율성과 규모의 경제, 합리성만을 추구한다면 매력 없는 사업이 되기 쉽다. 누구에게나 팔 수 있는 상품을 만들려 하다 보면 결국 아무도 사지 않는 상품이 되기 마련이다. 예를 들어 약 10년 전까지만 해도 전 세계의 자동차 업계는 미국에서든, 유럽에서든, 아시아에서든 똑같이 잘 팔릴 만한 자동차를 만드는 것이 효율적이라고 생각했다. 하지만 지금도 그렇게 생각하는 자동차 제조사는 없을 것이다. 아시아를 겨냥한다면 아시아에 맞는 자동차를 만들어야 한다. 그것이 현지화다. 특히 신흥 시장이 대두할수록 그런 경향은 강해진다.

2011년 10월, 도요타는 중국에 연구개발 거점을 설립한다고 발표했다. 앞으로 13억 중국인이 계속 자동차를 구입할 텐데, 휘발유나 디젤 자동차를 중심으로 판매한다면 공해 문제가 심각해질 것이다. 따라서 전기 자동차나 천연가스 자동차 같은 친환경 기술이 관건이 될 것으로 보인다. 이런 기류를 따르지 않는다면 자동차 제조사는 자기 목을 스스로 조르는 결과를 낳을 확률이 높다.

중국이나 인도의 10년 후, 20년 후 시장을 내다본다면 전기 자동차가 유망한 것은 분명하다. 이를 위해 친환경 기술 및 시스템을 개발해야 한다. 다만 신흥 시장의 도로가 모두 깔끔하게 정비되어 있지 않다는 것을 고려해야 한다. 다시 말해 내구성이 좋고 저렴하면서 친환경적인 자동차를 만들라는 이야기다. 이것이 신흥 시장에 필요한 고품질이다. 그런 의미에서 글로벌화가 진행될수록 현지화 또한 중요해진다.

여기서 또 한 가지 생각할 것은 '지식과 기술을 어떤 방향으로 이전할 것인가'다. 각 나라의 관계, 현지 시스템을 파악하고 인재와 기술을 어느 쪽으로 움직일 것인지 검토해야 한다.

무엇을 위한 글로벌화인가?

일반적으로 말하는 '세계화'에 '현지화'를 접목한 개념을 '트랜스내셔널화', 혹은 '메타내셔널화'라고 한다.

트랜스내셔널 조직

본사

해외 자회사

해외 자회사

해외 자회사

해외 자회사

해외 자회사

해외 자회사

← 사실상 표준(시장 경쟁을 통해 많은 수가 사용하는 표준 - 옮긴이)에 바탕을 둔 글로벌 커뮤니케이션 채널

* 출처: 오타 마사타카, 〈이문화 매니지먼트의 새로운 전개〉, 세계경제평론 Vol.42 No.4

본사는 수많은 해외 자회사를 운영한다. 이때 각국의 독자성을 살리는 동시에, 글로벌 경영의 효율성을 높여야 한다는 상당히 모순된 요구에 직면한다. 자국의 본사에서 해외 지사를 완벽히 운영하기 힘든 것처럼, 각국으로 나가서 100퍼센트 현지화하는 것만으로도 원하는 효과를 거둘 수 없다. 본사와 자회사는 각자 색이 다르지만 공통된 가치관과 정보를 공유해야 한다. 필요하다면 사람이 이동하고, 또 각지에서 발굴한 가치와 지식, 비즈니스 모델을 다른 곳으로 이동하는 것이다.

트랜스내셔널화는 이처럼 네트워크의 구조에 관한 개념이다. 그에 비해 메타내셔널화는 본사와 지사, 나아가 각 지사 사이에서 인력을 이동하고 지식을 이전할 때의 소프트웨어적인 측면에 더 초점을 맞춘다.

기업은 무엇을 위해 세계로 진출하는 것일까? 이탈리아의 상인 마르코 폴로가 동방을 여행했을 때의 경이로움만큼은 아닐지라도, 단순히 '돈을 벌기 위해서'는 아님이 분명하다. 애초에 무역이라는 것은 호기심에서 시작되었다. 그곳에는 흥미로운 아이디어가 있고, 놀라운 문화가 있다. 진귀한 물건과 맛있는 음식이 있다. 그것을 교환하면 어떨까? 이 지극히 단순하고도 강렬한 발상은 20세기 중반부터 후반에 걸쳐 점점 사라져갔다.

이후부터는 타국의 저렴한 노동력을 이용해 집중적으로 생산

사장을 위한 교양 MBA

한 일용품을 전 세계에 효율적으로 공급하는 극단의 글로벌화가 위세를 떨쳤기 때문이다. 이런 풍조가 함축된 '금융공학'이 폭주한 결과물이 바로 리먼브라더스 사태라 할 수 있다. 주주의 가치를 금과옥조처럼 떠받들고 몰두한 탓이다.

그러나 계속된 머니게임으로 돈을 불리더라도, 결국 중요한 것은 '그 돈을 어디에 쓸 것인가'다. 21세기에 들어선 어느 순간부터 '무엇을 위해 세계에 진출하는가?'라는 근원적 문제가 다시 대두되기 시작했다. 옛 사람들이 그랬듯이 전 세계의 다양한 사고방식과 문화와 자원을 교환하는 데서 즐거움과 재미를 찾는다는 발상으로 돌아온 것이다.

새로워진 글로벌 비즈니스 역학

'세계로부터 배운다'라는 의식이 사라지면 무엇을 위해 세계로 진출하는 것인지 알 수 없게 되고 만다. 그저 효율성이나 규모의 경제, 합리성을 추구하는 타성에 빠질 위험성이 높아진다. 규모가 지나치게 커진 결과, 순간의 느슨함에 자신의 체중을 이기지 못하고 무너지는 경우도 적지 않다. 그런 단순한 글로벌화의 시대는 이제 끝났다.

1990년대 미국의 빌 클린턴(Bill Clinton) 대통령이 이끌었던 '신경제'는 단순한 글로벌화의 대표적 사례다. 그 무렵에 일어난 중요한 사건 중 하나가 바로 IT 혁명이다. 동서 냉전 구도가 종식된 직후 IT 비즈니스는 기존의 경쟁 상대가 없는 블루 오션으로 단숨에 떠올랐다. 급변하는 시대의 분위기를 타고서 민첩한 경영이 주목을 받았다.

그러나 어느덧 IT가 세상 곳곳에 충분히 보급된 시대로 접어들자, 실체 없이 빠르게 움직이기만 해서는 의미가 없다는 자성의 목소리가 흘러나오기 시작했다. 시대에 따라 비즈니스의 역학이 달라지며, 한때는 단점이었던 측면이 그 다음 시대에는 장점으로

'글로벌화'라는 개념의 변화 양상

■ 20세기는 '단순한 글로벌화'의 시대
– 규모의 경제, 효율성, 표준화, 합리성에 입각한 '수렴의 역학'이 지배적
– 생산, 판매, 서비스 분야에서 세계 각국의 시장에 깊숙이 침투할 수 있도록 효율적인 글로벌 네트워크를 구축

■ 21세기는 '메타글로벌화'의 시대
– 다양성, 독자성, 창조성을 존중하는 '분산의 역학'이 부활
– 국경을 넘어 미개척 기술이나 시장 정보를 감지하고 취합하며, 동시에 오퍼레이션의 규모와 형태를 최적화함. 이로써 지식과 가치를 창조하는 글로벌 프로세스를 구축

* 출처: Doz, Yves et al. 〈From Global to Metanational: How Companies Win in the Knowledge Economy〉, Harvard Business School Press

작용하기도 한다. 세계적인 흐름을 타고 움직이는 이 복잡한 역학을 이해하지 못한 채 속도만을, 혹은 합리성만을 추구한다면 잘못된 결정을 내리기 십상이리라.

주목! 세계 곳곳의
비즈니스 힌트를 활용하는 비결

기존의 것에 가치를 더하는 이노베이션

전 세계에는 여러 가지 지식과 자원이 흩어져 있다. 기업이 글로벌 네트워크를 보유했다면 비즈니스의 관점에서 다양한 키워드를 발견할 것이다. 인도의 저 문화를 이용할 방법이 없을까? 중국인들의 이 사고방식을 적용할 수는 없을까? 이런 발견이 기업의 글로벌 조직에 자석처럼 빨려들어 이노베이션이 탄생한다.

이노베이션의 대부분은 기존의 제품이나 서비스, 지식을 재구성한 결과를 바탕으로 한다. 그러므로 이노베이션을 만들어내는 가장 간단한 방법은 전 세계에 흩어져 있는 아직 알려지지 않은 자원을 이용하는 것이다. 이노베이션은 연구실에 틀어박혀 연구한다고 해서 도출되지 않는다. 그보다는 가치 있는 기존의 것을 창조적으로 조합하는 편이 훨씬 더 승산이 높다.

이때 중요한 것은, 기업이 발견한 전 세계의 다양한 비즈니스 요소들을 그대로 헐값에 공급해서는 안 된다는 것이다. 이렇게 되면 '단순한 글로벌화'와 다를 것이 없다. 자사의 강점을 적용한 고유의 상품 혹은 서비스로 재구성해서 각국의 니즈에 맞는 형태로 제공해야 한다. 이는 정보나 지식을 깊이 들이마셨다가 내뱉는 것과도 같다. 인간은 공기를 들이마시기만 해도, 혹은 내뱉기만 해도 살 수 없다. 인풋과 아웃풋이 모두 필요한데, 기업도 마찬가지다. 21세기의 메타글로벌화 시대에는 이런 사고방식이 매우 중요하다.

어느 나라에서나 인기 있는 제품은 없다

과거 이슬람 원리주의 혁명이 일어났을 때 이슬람 금융이 세계에 널리 알려지게 되었다. 이슬람에서는 율법에 따라 돈을 빌려주고 이자를 받는 금융 행위를 금지한다. 당시 서구의 기업들은 이슬람 금융을 냉소적으로 바라봤다. '이자 없는 금융이 무슨 의미가 있느냐'는 것이었다. 그러나 현재, 서구의 은행들은 사실상 거의 '제로 금리'에 가깝다고 할 수 있다. 금리가 없어도 금융이 기능하며 비즈니스가 발전한다는 것은, 어쩌면 금융의 새로운 역학이라기보다 오히려 근원적인 역할에 관한 이야기인지도 모른다. 그래서 지금은 미국도 유럽도 이슬람 금융을 진지하게 연구하고 있다. 이슬람이 낡고 시대에 뒤떨어졌다는 것은 표면적인 이미지일런지도 모른다.

이처럼 세계 곳곳에는 비즈니스의 힌트가 얼마든지 숨어 있다. 그 시대에 맞춰, 혹은 해당 산업이나 기업에 걸맞게 그런 힌트를 창조적으로 재구성해나가는 것이 메타내셔널 전략의 한 가지 의미다. 단순 글로벌화 시대에는 규모의 경제, 효율성, 표준화, 합리성이 가장 중요했다. 그래서 공장을 가급적 적은 숫자의 거점에 집중시키고자 했다. 국가별로 공장을 세우면 너무 많은 돈이 들기 때문이다.

그러나 자동차만 생각해보아도, 미국이나 유럽에서 인기 있는 자동차와 아시아권 사람들이 좋아하는 자동차는 차이가 크다. 사실 소비자라는 존재는 매우 변덕스럽다. 상품화가 어느 정도 진행되면 식상함을 느끼고 새로운 것을 요구한다. 그래서 기존의 제품을 새롭게 재구성하여 조금 더 비싼 가격에 파는 비즈니스도 생겨난다. 메타내셔널 전략은 그 발상을 세계 규모로 실행하는 것이다. 처음에 사람들은 아이폰을 쓸 수 있다는 사실만으로 기뻐할지 모르지만 그것이 당연해지면 더 다양한 것, 그것도 각 나라의 각기 다른 라이프스타일에 맞는 형태를 원하게 된다.

나라가 다르면 소비자의 욕구나 라이프스타일도 달라진다. 한 나라의 시장은 그 나라 사람들을 위해 존재하는 것이지, 두루뭉술한 다국적 기업을 위해 존재하는 것이 아니다. 다국적 기업들은 '단순 글로벌화'의 역학을 이용해서 적은 비용으로 상품을 만들고 대량으로 팔고자 한다. 하지만 그렇게 만들어진 상품은 외면받는 경우가 허다하다. 그래서 다양한 형태로 현지화를 할 필요가 있다.

일례로 코카콜라는 아시아 시장에서 고전한 끝에 탄산음료뿐만 아니라 커피와 차, 음료 판매를 시작했다. 실상 탄산음료를 그렇게 대량으로 마시는 곳은 미국을 포함해 몇몇 나라뿐이며 중국이나 일본, 동남아시아 등의 시장에서는 코카콜라나 환타보다 차 음료가 압도적으로 많이 팔린다.

다시 말해 글로벌화의 의미는 세계의 다양한 현장에서 자신과 다른 부분을 엿보고 학습해 다음 상품에 응용할 지혜로 삼는 것이다. 그것이 새로운 이노베이션으로 이어진다. 공학적인 이노베이션과는 다른 사회학적인 이노베이션이 이제는 필요하다.

서비스 비즈니스의 글로벌화

메타내셔널화를 생각할 때 중요한 문제 한 가지는 '서비스 비즈니스'를 어떻게 국제화하고, 나아가 제품 비즈니스와 결합할 것인가다.

형태가 있는 제품은 판매 시점 이후 구매자가 반복해서 사용할 수 있다. 따라서 고장 없이 오래 쓸 수 있는가 하는 효용가치가 중요하다. 제품 비즈니스는 기본적으로 세계 시장을 대상으로 하기가 수월하다. 기술을 통해 쉽게 주도할 수 있기 때문이다. 아이폰처럼 단번에 글로벌화되는 제품들은 상대적으로 역사라든가 문화의 구속력이 약한 경우가 많다. 따라서 제품 비즈니스는 처음부터 글로벌 시장을 대상으로 대형 투자를 하는 방식이 성립한다.

서비스 비즈니스는 그 반대다. 효용가치가 아니라 경험 그 자체가 중요하다. 생산과 소비가 동일한 공간에서 일어나기 때문에 재고라는 것이 없으며 보관도 불가능하다. 어떤 측면에서는 즉흥적으로 이루어지는 경향이 있으며, 복잡한 인간적 요소가 끼어든다. 제품은 고장 나면 교환하거나 부품을 바꿀 수 있지만, 서비스는 그럴 수가 없다.

이제는 제품만이 아니라 서비스 비즈니스도 글로벌화가 활발히 진행되고 있다. 예를 들어 서구권의 호텔이나 프랜차이즈 체인은 전 세계에 치밀하게 비즈니스를 전개한다. 해당 국가, 해당 지역에만 머무는 서비스를 고집한다면 이미 시작된 글로벌화의 흐름에 뒤쳐지게 될 것이다.

냉동된 지식을 향기로운 요리로 만들려면

현재는 생산의 논리보다 시장 창조의 논리가 압도적으로 우세하다. 과거에는 인도네시아나 말레이시아 등의 동남아시아 지역에 진출할 때 이곳을 생산 거점으로 삼는 것이 일반적이었다. 그 나라의 일부 부유층을 제외하면 고가 제품의 수요가 크지 않았기 때문이다. 그래서 기본적으로는 인도네시아 등지에서 만든 상품을 미국이나 유럽에 수출하는 방식으로 사업을 했다. 그러나 지금은 세계 여러 기업들이 이 나라 시장을 직접 겨냥해 제품을 생산하며, 더 큰 시장을 발굴하기 위해 진출한다.

1980년대, 1990년대의 단순 글로벌화 시대에는 한 가지 믿음이 있었다. '이제 거리는 상관없다'는 것이다. IT를 통해 언제라도 연결할 수 있으므로 장소의 특수성은 사라졌고, 정보 또한 누구든 공유할 수 있는 무기질과 같은 것이라 판단했다. 한마디로 '세계가 평평해졌다'는 논리다.

이것은 과연 사실일까?

글로벌화가 진행되었다고는 하지만, 거리의 한계가 사라진 것은 아니다. 지구 반대편에 가는 것은 지금도 피곤한 일이며, 여전히 거리가 먼 나라와는 비즈니스를 하기 어렵다. 마찬가지로 IT를 통해 누구나 정보를 공유할 수 있게 되었다는 이야기도 분명 한계를 내포한다. 지식이나 정보가 여러 사람이 공유할 수 있도록 공식화, 매뉴얼화되었다는 것은 물론 놀라운 변화다. 그러나 공식이나 매뉴얼화된 지식이라는 것은 비유하자면 냉동고에 재료를 넣는 것과도 같다. 다른 장소에서 언제라도 간편히 사용할 수 있도록 만들 뿐이다. 정말 중요한 것은 그 후다.

냉동된 지식은 그저 재료일 뿐, 그 자체로 맛있는 요리가 될 수 없다. 딱딱하게 얼어붙은 고깃덩어리나 꽁꽁 언 육수를 그냥 먹을 수는 없다. 지식과 정보에는 반드시 개인적인 배경 혹은 고유의 라이프스타일이나 문화가 섞여야 창조성이라는 향과 풍미가 스며나온다.

사람들이 지리적, 문화적 거리를 초월해 서로에게서 배울 수 있는 이유는 창조성, 독자성에 기반한 '다름'이 저마다 존재하기 때문이다. 그런 의미에서 생각한다면 지금도 세계는 온전히 평평하지 않다.

과거에 비해 울퉁불퉁한 비포장도로가 줄어들었고 지름길도

생겨났지만, 아직도 우리는 평평하지만은 않은 거리를 몸소 걸어
도달해야 한다.

우위성은 디테일에 깃든다

MIT의 폰 히펠 교수에 따르면, 사람의 머릿속 정보에는 '점착력'
이 있다고 한다. 어떤 것을 처음 생각한 사람, 어떤 계획을 떠올린
사람의 머릿속에는 그 사람만 알 수 있는 원형이 존재한다는 것이
다. 다른 사람도 대략적으로 파악할 수는 있겠지만 그 사람과 완
전히 똑같이 알지는 못한다. 그리고 그 미세한 차이가 우위성과
창조성을 낳는다. 말 그대로 '신은 디테일에 깃드는' 셈이다.

다시 말해 정보라든가 지식은 그 사람의 내부에서 생명을 가
진다. 그렇기에 암묵지(학습이나 경험에 의한, 겉으로 드러나지 않
는 지식-옮긴이)라는 개념을 제창한 과학철학자 마이클 폴라니
(Michael Polanyi)는, 이를 '개인적 지식'이라고 표현했다. 개인적
지식의 일부는 형식화되고 플랫폼화되지만, 그것들만 모은들 거
기에서는 아무것도 생겨나지 않는다. 퀴즈 프로그램에 나와 척척
정답을 맞히는 사람일지라도 놀라운 발명가는 아닌 것과도 마찬
가지다. 단순히 형식지(문서나 매뉴얼처럼 외부로 드러나 여러 사람이

공유할 수 있는 지식-옮긴이)를 모은다고 해서 무엇인가가 저절로 만들어지지는 않는다.

정리해서 말하자면 글로벌화가 되었다고 해서 거리의 한계가 해소된 것은 아니며, 장소의 구속력이 사라진 것도 아니고, 정보가 지니는 점착력이 사라지는 것도 아니다. 문화의 구속력 또한 마찬가지다. 낱낱의 정보와 지식이 지닌 의미를 이해하고, 그것이 세계와 어떻게 연결되어 있는지 파악하는 일은 그래서 여전히 중요하다.

사장을 위한 교양 MBA

MBA BASICS FOR THE BOSS

기업의 로드맵 회계,
이 숫자와
어떻게 친해질 것인가?

사장이 반드 기억해야 할
숫자가 있다

회계와 파이낸스의 차이

경영 활동 가운데 회계란, 쉽게 말해 기업의 입장에서 숫자를 사용해 외부에 보고를 하거나 경영을 관리하는 행위를 말한다. 한편 파이낸스는 투자자를 위한 이론이다. 주주나 주식 투자를 하는 사람, 기업에 돈을 빌려주는 금융기관, 회사채를 보유한 사람들이 기업을 어떻게 평가하느냐 하는 것이다.

그러니까 기업의 입장에서 숫자를 다루는 것이 회계, 투자자의 입장에서 숫자를 다루는 것이 파이낸스인 셈이다.

회계는 다시 두 분야로 나눌 수 있다.

사장을 위한 교양 MBA

첫째는 재무회계다. 이것은 매년, 상장 기업의 경우 사분기에 한 번씩 회사 외부에 공표하는 결산서를 위한 회계다. 둘째는 관리회계로, 내부 보고를 위한 회계를 말한다. 경영자가 의사결정을 내리는데 필요한 숫자의 시뮬레이션을 하거나, 실적 평가를 위해 매출액 또는 비용을 사업별, 지역별, 담당자별로 세분화하고 집계하는 것이 여기에 속한다.

이제부터 각 분야에서 경영자가 반드시 알아야 할 중요 사항들을 설명하려 한다. 먼저 재무회계부터 시작하자.

회사의 상황을 보여주는 한 장의 사진, 재무상태표

재무회계에서 결산서의 중심은 재무상태표(B/S), 손익계산서(P/L), 현금흐름표의 세 가지다. 그중에서 먼저 재무상태표를 읽을 때 기억해야 할 요소들을 살펴보자.

재무상태표는 결산일의 '사진' 같은 것이다. 예를 들어 3월 결산인 회사라면, 재무상태표는 3월 31일 현재 회사의 상황을 숫자로 나타낸 사진이라고 생각해도 무방하다. 재무상태표의 오른쪽은 자금을 어떻게 모았는지를, 왼쪽은 그 자금을 어떤 형태로 보유하고 있는지를 나타낸다.

재무상태표에서 눈여겨볼 부분

높다	유동자산	유동부채	낮다
낮다	고정자산 유형고정자산 무형고정자산	고정부채 순자산 (주주 자본)	높다

안전성   안전성

1. 일반적으로 왼쪽(자산)은 위로 갈수록 안정성이 높고, 오른쪽(부채·순자산)은 아래로 갈수록 안정성이 높다
2. 순자산/총자산의 비율은 일반적으로 30~40퍼센트 정도이다
3. 자산은 유동자산·유형고정자산·기타가 각각 1/3 정도인 것이 일반적이다
4. 무형고정자산, 특히 영업권은 기업 매수의 흔적이라 볼 수 있다

이것을 읽을 때 중점을 두어야 할 요소는 다음 네 가지다.

① 안전성을 본다

재무상태표에서 알 수 있는 것 중 하나는 회사의 안전성이다. 먼저 왼쪽의 자산은 기본적으로 위에서부터 현금화하기 쉬운 순서로 나열된다. 가장 위에 있는 유동자산은 현금이나 은행 예금, 외상매출금, 재고 자산 등 현금 또는 쉽게 현금화할 수 있는 것들이다. 그 아래의 고정 자산은 토지나 건물 등으로, 당장 현금화하기는 어려운 것들이다. 따라서 일반적으로 위쪽 항목의 금액이 클수록 안전한 셈이다.

한편 오른쪽은 어떨까? 이쪽은 당장 갚아야 하는 순서대로 나열된다. 가장 위에 있는 유동 부채는 '빨리 갚아야 하는' 부채다. 보통은 1년 이내에 지급해야 하는 것이다. 그 다음의 고정 부채는 '천천히 갚아나가는' 부채로, 보통 1년 이상 뒤에 지급할 예정인 항목이다.

가장 아래는 주주에게서 맡은 부분으로, 순자산이라고 하며 갚지 않아도 되는 것이다. 다시 말해 제일 아래쪽의 순자산이 클수록 안전하다고 볼 수 있다.

재무상태표를 슬쩍 봤을 때 왼쪽 위와 오른쪽 아래가 크면 안전한 회사, 반대로 오른쪽 위와 왼쪽 아래가 크면 위험한 회사인 셈이다.

② 순자산의 비율을 본다

회사는 주주에게서 맡은 순자산이 얼마나 될까? 업종에 따라 다르지만, 제조사나 소매업을 비롯한 일반적인 업종의 경우 자산 전체의 30~40퍼센트, 즉 3분의 1 정도가 여기에 해당한다. 나머지 3분의 2는 은행에서 빌린 자금 등의 부채다. 일반적으로는 순자산의 비율이 50퍼센트를 넘기면 안전한 회사라고 할 수 있다.

반대로 순자산이 10퍼센트 정도밖에 안 될 경우는 상당히 위험하다고 생각하는 편이 좋다.

③ 자산의 구성을 본다

일반적인 제조업체나 소매업체를 기준으로 생각할 때, 재무상태표 왼쪽의 유동자산이 전체의 50퍼센트가 넘는다면 이렇게 예측해볼 수 있다. 현금을 많이 보유하고 있거나, 혹은 물건을 팔았지만 아직 대금을 받지 못한 외상매출금이 많거나, 아니면 앞으로 팔고자 하는 재고를 많이 갖고 있는 경우다. 반면에 토지나 건물, 기계 등의 유형고정자산이 전체의 50퍼센트를 넘기는 경우는 설비투자형이다. 예를 들어 철도 회사나 전력·가스 등의 에너지 업종 기업들이 이런 경향을 보인다.

④ 영업권의 크기를 본다

재무상태표의 왼쪽 아래에 있는 무형고정자산의 금액이 증가했다면 '영업권'이 관련되었을 가능성이 크다.

영업권은 기업 매수와 관계가 있다. 이를테면 보유하고 있는 토지, 건물, 돈을 기준으로 평가했을 때 대략 100억 원의 가치가 있는 회사를 150억 원에 매수하는 경우가 있다. 왜 50억 원이나 더 줬을까? 팔리는 회사가 보유한 기술력이나 영업력 같은 무형의 가치를 추가로 평가했기 때문이다. 이 무형의 가치를 평가해서 지급한 금액이 영업권이다.

영업권은 회사를 매수했을 때만 재무상태표에 나온다. 사내에서 새로운 사업을 시작해 그 사업부가 순조롭게 성장했을 때도 영업력이나 기술력은 향상될 테지만, 사내에서 만들어낸 무형의 가치는 재무상태표에 반영되지 않는다. 오직 다른 회사를 매수했을 때만 반영된다. 이 말은 영업권이 크다면 다른 회사를 매수해서 성장해온 회사라는 뜻이 된다. 반대로 영업권이 없다는 말은 기본적으로 내부에 투자를 해서 성장해온 회사라는 뜻이다.

손익계산서에서 기억해야 할 사항들

손익계산서는 1년 동안의 활동을 보고하는 표다. 가장 중요한 것은 매출액이다. 매출의 규모가 크고 점유율이 높다면 업계에서 강력한 힘을 발휘할 수 있다. 다음에 봐야 할 것은 매출총이익이다. 이것은 원가를 뺀 이익으로, 특히 매출에 대한 비율이 중요하다. 보통은 원가가 70~80퍼센트인 업계가 많지만 일부의 경우 원가율이 20~30퍼센트, 다시 말해 매출총이익률이 70~80퍼센트에 이르는 업계도 있다. 일부 화장품 업계가 그런 경우다. 화장품 제조사는 이 높은 이익률을 바탕으로 브랜드 구축이나 판매촉진에 투자를 한다. 높은 매출총이익률을 유지하기 위해 브랜드나 판매 촉진 비용을 대거 투입하는 구조라고 볼 수 있다.

일반론적으로 매출총이익률이 높은 업계는 비용 부담 능력이 있으므로 여유를 갖고 다양한 분야에 비용을 투입할 수 있다. 반대로 매출총이익률이 낮은 경우는 오퍼레이션의 효율을 철저히 높여서 비용을 억제하는 것이 중요하다.

다음은 판관비다. 판관비 중에는 연구개발비와 광고선전비가 포함된다. 제조사의 경우라면 연구개발비에 얼마나 자금을 투입하는지, 일반적인 소매업체라면 광고에 얼마나 돈을 들이는지를 확인하는 것도 중요하다. 연구개발비나 광고선전비는 '공격적인 비용'이다. 전체 매출에서 이런 공격적인 비용이 어느 정도 비중을 차지하는지 확인할 필요가 있다.

자동차 제조업체 등의 대형 제조사의 경우 연구개발비에 매출의 4~5퍼센트 정도를 할애하는 것이 일반적이며, 일반 소비자를 대상으로 물건을 파는 소매업체의 경우도 대략 매출의 3~5퍼센트 정도를 광고비에 투입한다. 다만 이런 비용은 업계마다 차이가 있기 때문에 업계 내에서 해당 기업이 어느 정도 수준인지를 살피는 것이 중요하다.

마지막으로 확인하고 넘어가야 할 것은 영업이익이다. 이것은 본업을 통해서 내고 있는 이익으로, 상당히 중요한 수치다. 영업이익률의 수준도 업종에 따라 다르지만, 글로벌 우량 기업은 일반적으로 10퍼센트 전후를 확보하고 있는 경우가 많다. 그러므로 영업이익률이 10퍼센트 전후라면 본업을 통해서 내는 이익이 상당히 높은 회사라고 판단할 수 있다. 영업이익률 역시 같은 업계 내에서 비교하는 것이 중요하다.

현금흐름표를 볼 때의 포인트

현금흐름표란 일정 기간 동안 기업의 현금흐름을 나타낸 것이다. 영업 활동, 투자 활동, 재무 활동의 세 가지 부분으로 나눠서 집계한다.

영업 활동의 현금흐름은 사업으로 얼마나 이익을 냈는지를 말해주며, 투자 활동의 현금흐름은 설비 투자나 기업 매수 같은 투자 부문에 돈을 어떻게 썼는지 설명한다. 투자로 돈을 지출한 경우뿐 아니라 반대로 설비나 사업 부문을 매각해서 돈을 회수한 경우도 여기에 포함된다. 재무 활동의 현금흐름은 그 기업에 돈을 지급한 은행이나 주주와의 거래를 집계한 것이다. 주주의 경우 증자를 했는지, 혹은 배당을 지급했는지를 표기하고 은행과의 거래에서는 돈을 얼마나 빌렸는지, 혹은 갚았는지가 집계된다.

이 세 가지 종류의 현금흐름을 살펴보면 그 기업이 어떤 방향으로 움직이고 있는지가 보인다. 아래의 표는 안정적인 기업, 성장 단계에 접어든 기업, 구조조정 중인 기업의 전형적인 현금흐름 패턴을 간략히 정리한 것이다.

기업의 상황에 따른 현금흐름

	안정적인 기업	성장 기업	구조조정 기업
영업 활동	+ +	+	+
투자 활동	−	− −	0 or +
재무 활동	− (배당 or 자사주 매입)	+ (증자 or 채무의 증가)	− − (채무 압축)

먼저, 안정적인 기업의 경우는 사업을 통해 충분한 수익을 올리므로 영업 활동의 현금흐름이 큰 폭으로 플러스를 기록한다. 한편 투자 활동에는 무리한 자금을 투입할 필요가 없으므로 영업 활동의 플러스로 메울 수 있는 정도의 마이너스를 보인다. 이때 남는 자금은 배당이나 자사 주식 매입을 통해 주주에게 환원하게 된다. 그 결과 재무 활동의 현금흐름은 마이너스일 경우가 많다.

성장 단계에 있는 기업들은 영업 활동으로 꽤 많은 현금을 벌어들일 수 있지만 설비 투자나 기업 매수 등의 투자 활동에서 상당한 지출이 발생한다. 때문에 자금이 부족한 경우가 많고 그 구멍을 메우고자 증자를 하거나 은행에서 대출을 받는다. 그래서 재무활동은 플러스인 경우가 많다.

구조조정을 실시하는 기업의 경우는 어떨까? 영업 활동으로는 그럭저럭 돈을 벌고 있지만, 투자 활동은 상당히 소극적이거나 일부 사업을 매각해서 플러스가 될 때도 있을 것이다. 그러면 영업활동과 투자 활동의 합계로 충분히 플러스가 될 가능성이 있다. 차입금이 있다면 이것으로 상환하기도 한다. 그 결과 재무 활동은 마이너스를 기록하는 경우가 많다.

연구개발비가 유독 높은
업종은 대체 무엇?

다섯 회사의 업종은 각각 무엇일까?

오른쪽 표는 회사 다섯 곳의 결산서를 바탕으로 작성한 데이터다.
이 다섯 회사는 업종이 모두 달라서 각각 의류, 종합부동산, 디지
털 기기, 제약, 편의점 체인에 속한다.

상단의 B/S 표는 총자산 대비 유동자산이나 고정자산, 순자산
의 비율을 나타낸 것이다. 중간의 P/L 표는 매출 대비 비용이나
이익이 어느 정도를 차지하는지 나타낸 것이다. 또 하단에는 추가
정보로 B/S와 P/L의 관계를 말해주는 총자산회전율, 고객으로부
터 대금을 회수하기까지 걸리는 기간을 나타내는 매출채권 회전

재무 분석 퀴즈

	A	B	C	D	E
유동자산	37.7%	53.5%	24.6%	68.1%	56.9%
유동자산 내 금융자산	21.5%	23.5%	1.5%	39.8%	31.4%
유형고정자산	33.4%	30.2%	58.8%	9.9%	14.6%
무형고정자산	8.7%	3.8%	0.8%	9.4%	18.6%
투자 및 기타 자산	20.2%	12.5%	15.9%	12.6%	9.9%
자산 합계	100.0%	100.0%	100.0%	100.0%	100.0%
유동부채	36.1%	22.5%	17.3%	39.9%	15.7%
고정부채	16.3%	7.0%	55.1%	3.3%	7.6%
순자산	47.6%	70.5%	27.6%	56.8%	76.7%
부채 순자산 합계	100.0%	100.0%	100.0%	100.0%	100.0%

	A	B	C	D	E
매출액	100.0%	100.0%	100.0%	100.0%	100.0%
매출원가	65.7%	51.9%	81.0%	48.3%	22.4%
매출총이익	34.3%	48.1%	19.0%	51.7%	77.6%
판매비와 일반 관리비	29.5%	37.6%	10.5%	35.4%	51.8%
내 광고선전비	2.0%	2.6%	1.5%	4.6%	1.7%
내 연구개발비	—	8.5%	0.0%	—	20.4%
영업이익	4.8%	10.5%	8.5%	16.2%	25.9%
영업 외 수익	0.2%	0.2%	0.5%	0.1%	2.1%
영업 외 비용	0.2%	0.1%	2.2%	1.2%	1.8%
경상이익	4.7%	10.6%	6.8%	15.2%	26.2%
특별이익	0.4%	0.0%	1.5%	0.1%	0.0%
특별손실	0.8%	0.0%	2.4%	1.0%	0.0%
법인세 차감 전 이익	4.4%	10.6%	6.0%	14.3%	26.2%
법인세 등	2.2%	3.9%	2.4%	6.8%	8.7%
당기순이익	2.2%	6.7%	3.6%	7.6%	17.5%

	A	B	C	D	E
총자산회전율	137%	93%	37%	161%	51%
매출채권 회전기간	10일	55일	6일	7일	76일
재고회전기간	17일	73일	209일	69일	158일

* 총자산회전율은 매출액을 총자산으로 나눈 수치다. 매출채권 회전기간은 고객에게 판매한 뒤 대금을 회수하기까지 어느 정도의 기간이 걸리는지를, 재고회전기간은 며칠분 정도의 재고를 갖고 있는지를 나타낸다.

기간, 재고의 보유 일수를 나타내는 재고회전기간의 수치도 추가
했다.

이제 A, B, C, D, E의 각 회사가 어느 업종의 업체인지를 유추해
보자.

연구개발비의 비율이 유독 높은 업종은?

먼저, 상당히 특징이 두드러지는 회사는 E다. 매출에 대한 연구
개발비의 비율이 약 20퍼센트로 매우 높다. 대형 제조사의 평균
은 대체로 4~5퍼센트이므로 그보다 훨씬 높은 수준이다. 이렇게
까지 연구개발비에 투자하는 업종은 제약회사 이외에는 딱히 생
각이 나지 않는다. 신약 개발을 중심으로 하는 제약회사는 연구개
발에 많은 자금을 투입할 수밖에 없다. 보통 매출의 15퍼센트에
서 20퍼센트 정도까지 할애하기도 한다. 그러므로 E는 제약회사
라고 추측할 수 있다.

E기업의 특징은 그밖에도 더 있다. 첫째는 원가율이 낮고 매출
총이익률이 약 80퍼센트로 높다는 점이다. 화장품 업계에 버금가
는 수준이다. 약 자체의 원가는 높지 않으므로 효과가 뛰어난 약
을 개발하면 이익이 그만큼 크게 상승한다. 다만 관건은 좋은 약

을 개발해서 판매할 수 있게 되기까지다. 그렇기 때문에 제약회사는 많은 수익을 다음 연구개발에 고스란히 투입하는 비즈니스 구조를 보인다.

또한 이 회사는 매출채권 회전기간이 76일로 가장 길다. 이것은 제약업계를 비롯한 의료 업종의 특징이다. 의료보험 시스템과 관계가 있는 현상인데, 병원이나 조제 약국이 보험 신청을 하면 어떤 진료를 했는지, 또 어떤 약을 사용했는지 검토하는 데 시간이 걸리는 까닭에 돈이 일정 기간 뒤에 들어온다. 이렇게 대금 지급이 늦어지는 것은 이 업계의 특색이다.

재고회전기간이 158일로 긴 것 역시 제약업계의 특징이다. 비상 상황에 대비해 약을 많이 보유해야 하기 때문이다. 약은 다른 제품에 비해 장기 보관이 가능하다. 유효기간이 몇 년이나 되는 것이 많기에 재고를 대량으로 보유해서 긴급하게 필요할 경우에 대비하려는 경향이 있다.

이처럼 제약업계는 상품을 판 뒤 대금을 회수하기까지 시간이 걸리고 재고도 많지만 한편으로 이익률이 매우 높은 덕분에 이를 충분히 상쇄할 수 있다.

이 회사의 순자산을 보면 76.7퍼센트로 매우 높다. 또한 금융자산도 30퍼센트여서 재무 상태가 튼튼하다. 이것은 많은 제약회사들이 공통으로 보이는 경향이다. 신약의 개발에는 오랜 시간이 걸린다. 더러는 10년에 걸쳐 개발을 했는데 신약을 출시하지 못하는 경우도 있다. 이런 리스크를 견딜 수 있을 만큼 재무가 튼튼해야 연구개발을 뒷받침할 수 있다.

덧붙이자면, 연구개발 비율이 제약회사 다음으로 높은 업종은 전자기기 회사나 IT 관련 기업들이다. 가령 구글이나 마이크로소프트는 매출 대비 12~15퍼센트 정도를 연구개발비로 사용한다.

대여, 판매, 운영을 동시에 하는 비즈니스

이제 두 번째 회사로 넘어가 보자. E 다음으로 뚜렷한 특징이 보이는 회사는 C다. 답을 먼저 말하면, C는 종합부동산회사다.

부동산회사의 사업 분야로는 크게 세 가지를 꼽을 수 있다. 빌딩 등을 보유하고 '빌려주는' 사업, 분양 아파트 등을 지어서 '파는' 사업, 그리고 마지막으로 쇼핑센터 등을 만들어서 '운영하는' 비즈니스다.

'빌려주는' 사업을 할 경우 빌딩을 보유하게 되므로 유형고정자산이 커진다. 그리고 만들어서 '파는' 분양 사업은 토지의 취득부터 건설, 판매까지 시간이 걸리므로 재고회전기간이 길어진다. 한편으로 매출채권 회전기간은 짧아진다. '빌려주는' 혹은 '운영하는' 비즈니스의 경우는 일반적으로 임대료가 선불이기 때문에 기본적으로 외상매출금이 발생하지 않는다. 또한 아파트 분양의 경우 계약 시점에 바로 계약금을 회수하고, 이후 일정 기간에 걸쳐 중도금과 잔금이 입금된다. 따라서 외상판매대금은 많이 남지 않는다.

'대량 판매'와 '현금 장사'가 특징인 업종은?

남은 A, B, D는 각각 어떤 회사일까?

A와 D는 비슷한 부분이 있어서 헷갈릴 수 있다. 한 가지 공통점은 자산회전율이 높다는 것이다. D가 161퍼센트, A가 137퍼센트다. 이 숫자가 높다는 말은 자산에 비해 매출이 크다는 뜻이다. 즉 대량 판매를 할 가능성이 높다.

또 다른 공통점은 매출채권 회전기간이 짧다는 것이다. 다시 말해 고객에게 판매를 한 뒤 대금을 금방 회수할 수 있음을 뜻한다. 즉, 현금을 받고서 판매하는 비율이 높다고 볼 수 있다.

'대량 판매'와 '현금 장사'라는 특징으로 보자면 유통업일 가능성이 높다. 그러면 A와 D 중 어느 쪽이 의류업체이고 어느 쪽이 편의점 체인일까? 둘을 구별하는 요소로 몇 가지가 있다. 첫째는 재고회전기간이다. 이 수치는 A쪽이 짧다. 취급하는 상품을 생각해보면 편의점은 신선식품 등이 포함돼 있어서 오랜 시간 재고를 쌓아둘 수 없다. 그에 비해 의류업체는 좀 더 많은 재고를 보유해도 문제가 없다.

다음으로 원가율을 보면 A사는 65.7퍼센트이고 D사는 48.3퍼센트다. 일반적으로 의류 제품의 원가율은 식품에 비해 낮다. 만약 기획과 생산까지 겸하는 제조소매업체(SPA)라면 원가를 더 낮출 수 있어 이익폭이 상당하다.

또한 A업체는 총이익률이 34.3퍼센트로 상당히 높은데, 가맹점포로부터 받는 로열티를 포함하기 때문이라고 해석할 수 있다.

결론을 말하자면 A가 편의점 체인, D는 의류업체다.

그렇다면 남은 B는 전자기기 업체다. 이 회사를 구별해낼 결정적인 힌트는 사실 찾기가 힘들다. 굳이 꼽자면 연구개발비가 뚜렷하게 보인다는 점 정도다. 연구개발비가 명확한 회사는 B와 E뿐이며, 따라서 이 두 회사는 제조사라고 생각할 수 있다. 그런데 이 가운데 E가 제약업체라면 나머지 한 곳이 전자기기 업체가 된다.

투자자의 시선을 읽는 파이낸스도 원리만 알면 쉽다

미래의 가치를 현재로 환산하는 DCF법

투자자의 시각에서 기업이나 사업을 평가하는 것이 곧 파이낸스다. 그러나 파이낸스는 투자자만을 위한 것이 아니다. 평가 대상인 기업 측도 투자자의 시각을 이해해야 높이 평가받는 방향으로 움직일 수 있다. 투자자들의 평가가 높아지면 주가 및 시가총액이 상승하는 결과로 이어진다. 이는 파이낸스의 중요한 목적 중 하나이기도 하다.

그렇다면 파이낸스 이론에서는 기업을 어떤 방법으로 평가할까? 기업을 매수할 때 매수 금액이나, 상장 기업의 이론적인 시가총액을 계산할 때 사용하는 대표적인 방법으로 DCF가 있다. 여기에서는 이 방법에 대해 자세히 설명하도로 하겠다.

DCF는 '현금흐름할인(Discounted Cash Flow)'의 머리글자다. 어떤 기업이 장래에 어느 정도의 현금을 벌어들일지 예측하고 그것을 현재의 가치로 '할인해서' 평가한다는 발상이다. 어느 정도 벌어들일지를 측정하는 척도로는 현금흐름을 사용한다.

여기서 할인한다는 것은, 금리 등을 생각해 장래의 수익을 지금의 가치로 치환하는 것이다. 예를 들어 지금 번 1억 원과 1년 후에 벌 1억 원의 가치는 다르다. 지금 1억 원을 벌어서 은행에 예금하면 1년 후에는 이자를 받을 수 있기 때문이다. 그러므로 1년 후에 버는 1억 원은 지금의 1억 원에 비하면 금리만큼 가치가 낮은 셈이다. 그 값만큼 할인을 하는 것이 DCF의 기본 개념이다.

여기에 또 한 가지 반영할 것이 리스크다. 리스크는 다른 말로 불확실하다는 의미다. 장래에 벌어들일 돈은 여러 가지 전제가 변하면 예측했던 수치와 달라질지도 모른다. 1년 후에 1억 원을 벌어들일 것이라고 예측하더라도 실제로는 9,000만 원이 될 수도, 혹은 1억 1,000만 원이 될 수도 있다. 3년 후, 5년 후가 되면 불확실성은 더욱 커진다. 이런 점을 감안해서 장래에 벌어들일 돈을 할인해나간다.

DCF에서는 이처럼 금리와 리스크를 고려하여, 장래의 현금흐름에서 벌어들일 것으로 예측한 돈을 현재의 가치로 치환하며 이것을 전부 더한 값을 기업의 가치로 간주한다.

DCF로 기업 가치를 계산할 때의 핵심은 두 가지다. 하나는 '장래의 현금흐름을 어떻게 예측할 것인가', 다른 한 가지는 '어느 정도의 비율로 할인할 것인가'다. 즉, 금리와 리스크를 어떻게 판단할 것인가 하는 이야기라 할 수 있다.

'번 돈'을 어떻게 계산할 것인가?

여기서 '사업으로 벌어들인 돈'을 이익이 아닌 현금흐름으로 평가하는 이유는 실제로 돈이 들어오지 않으면 투자자로서는 돈을 벌었다고 말할 수 없기 때문이다. 가령 물건을 팔아서 매출이 오르고 이익을 계상했다고 해도 현금을 받지 못하면 실제로는 회사에 돈이 들어오지 않는다. 청구서를 보내서 돈을 받기까지 보통 1, 2개월이 걸린다. 그래서 이익이 아니라 현금흐름으로 평가하는 편이 확실한 것이다.

실제로 사용하는 현금흐름은 '잉여현금흐름'인데, 이것은 기업에 현금이 얼마나 순유입되었는지를 나타내는 지표로, 자유롭게 사용할 수 있는 현금흐름을 뜻한다. 다시 말해 기업에 돈을 낸 투자자나 돈을 빌려준 사람이 자유롭게 사용할 수 있다는 의미다.

간단히 설명하면, 잉여현금흐름을 계산할 때 기반이 되는 것은 영업이익이다. 수익이 나면 세금을 내야 하므로 영업이익에서 그만큼을 뺀다. 그런 다음 이익이 현금이 될 때까지의 시간차를 조정한다. 이제 이 잉여현금흐름을 할인한다. 내년, 내후년, 5년 후, 이 기업은 얼마나 현금을 벌어들일지 예측한 다음 현재의 가치로 할인하는 것이다. 먼 미래일수록 할인 폭이 크므로, 평가를 높이기 위해서는 이른 시기에 돈을 많이 벌어야 한다. 따라서 빠른 속

'번 돈'의 계산 기준: 잉여현금흐름

영업이익	100
법인세 등(40%)	40
법인세 차감 후 영업이익	60
이익과 현금흐름의 차이를 조정	
(+) 지급하지 않은 비용 (감가상각비 등)	20
(−) 투자액(설비 투자액 등)	30
(−) 운전자본 증가액* (외상매출금·재고 변화분)	15
잉여현금흐름	35

* 기업 자본 중에서 일상적인 기업 운영에 필요한 부분

사장을 위한 교양 MBA

도로 수익이 늘어나는 성장력이 높은 회사들은 주가나 시가총액이 상승한다.

회사에 어느 정도의 수익을 기대할 것인가?

그렇다면 할인 값을 계산할 때 금리나 리스크는 어떻게 적용해야 할까? 이 역시 투자자의 입장에서 생각한다. 주주나 돈을 빌려준 사람은, 회사에 투자한 자본에 대해서 요구하는 최소한의 수익률이 있다. 이것을 자본비용이라고 부른다. 한편 기업 입장에서 생각하면 이는 '투자자로부터 자금을 조달하기 위해서는 최소한 어느 정도의 수익을 올려야 하는가'의 기준이라 할 수 있다.

그렇다면 자본비용은 어떻게 결정될까? 고려할 사항은 세 가지다.

첫째는 금리와의 비교다. 투자자는 무엇에 투자할지 결정할 때 다른 선택지와도 비교할 것이다. 이를테면 국채의 연간 금리가 2퍼센트라 할 경우, 국채를 사서 가지고 있으면 확실히 매년 2퍼센트를 벌 수 있다고 보장을 받는다. 그에 비해 기업의 주식은 가치가 하락하거나 도산할 리스크를 안아야 한다. 때문에 투자자 입장에서는 당연히 연간 2퍼센트를 웃도는 수익을 기대할 것이다. 다시 말해 자본비용의 최저선은 안전하고 확실히 돈을 벌 수 있는 국채의 금리가 된다.

자본비용을 결정하는 두 번째 기준은 리스크다. 다시 말하지만 리스크라는 것은 '불확실성'이나 '변동'을 의미한다. 내년에 확실히 100억 원을 벌 수 있다고 하면 이때의 리스크는 없다. 그러나 그런 경우는 드물다. 내년에 이 사업으로 돈을 분명히 벌긴 하겠지만 그 액수가 1억 원일지 100억 원일지 알 수 없다면 이때는 리스크가 있는 셈이다.

일반적으로 불확실성이 높은 사업에 투자하는 투자자는 더 많은 수익을 기대한다. 흔히 말하는 '하이 리스크 하이 리턴'의 원칙이다. 요컨대 투자자가 봤을 때 미래가 보이느냐 보이지 않느냐에 따라 기대하는 수익의 수준이 달라진다는 말이다.

가령 철도 업계는 안정적이어서 미래를 분명히 예측할 수 있다. 어지간한 돌발 사태가 일어나지 않는 철도공사는 내년, 그리고 내후년에 대략 어느 정도를 벌어들일 것이라고 쉽게 예상할 수 있다. 그러므로 국채의 금리보다 조금 나은 수준의 수익이면 된다고 생각할 것이다. 반면에 스타트업의 경우는 일반적으로 미래가 잘 보이지 않는다. 이때 투자자는 국채의 금리를 상당히 웃도는 높은 수익을 기대할 것이다.

자본비용을 결정하는 세 번째 요소는 차입금의 크기다. 기업이 자금을 확보할 때, 방법은 크게 두 가지로 나눌 수 있다. 주주에게서 조달하거나, 아니면 은행에서 돈을 빌리는 것이다. 이 가운데 수익에 대한 요구가 더 높은 쪽은 주주다. 차입금일 경우는 이자를 내야 하는데, 이익이 그만큼 줄어들면서 세금도 줄어든다. 이런 절세의 효과까지 감안하면 기업 입장에서는 주주에게서 받는 투자금보다 은행에서 받는 대출의 비중을 키우는 편이 부담을 줄일 수 있다.

이 세 가지 요소의 변동에 따라, 회사에 기대하는 수익의 수준이 달라진다. 금리가 높은 시기에 주주에게서만 자금을 조달해 리스크가 높은 사업을 한다면 이 회사에 높은 수익을 요구하게 된다. 반대로 금리가 낮은 시기에 차입금을 빌려 리스크가 낮은 사업을 한다면 이 회사에 요구하는 수익의 수준은 낮아진다.

자본비용과 성장률의 관계

다음 페이지의 표는 세 군데 회사의 시가총액, 영업이익, 자본비용을 산출한 것이다. A사는 전자기기 업체이며, B사는 종합부동산 회사, C사는 의류업체다.

	시가총액 (10조 원)	영업이익 (1조 원)	자본비용 (%)
A사 (전자기기 업체)	4.5	3.9 (매출 성장률 15.5%)	8.2 리스크 중간 차입금 없음
B사 (종합부동산 회사)	1.0	1.2 (매출 성장률 1.5%)	4.5 리스크 중간 차입금 큼
C사 (의류업체)	1.5	1.3 (매출 성장률 18.9%)	6.9 리스크 약간 낮음 차입금 거의 없음

그러면 각 회사의 상황을 살펴보자. 전자기기 업체 A사는 안정적으로 실적을 올리고 있지만 업계의 경쟁이 점차 치열해지는 분위기다. 리스크는 세 회사 중에서 중간 정도로 보인다. 다만 차입금이 적고 주주의 투자금만으로 경영을 하기 때문에 자본비용이 상승한다. 결과적으로 자본비용은 조금 높은 수준이고, 현금흐름을 계산할 때 그만큼 할인된다. 최근 이 회사는 매출 성장률이 높아졌고, 그 결과 시가총액이 영업 이익의 열 배를 넘어섰다.

종합부동산 회사인 B사의 경우, 리스크는 중간 정도지만 부동산 사업이라는 특성상 빚을 상당히 지고 있다. 결과적으로 자본비용은 낮은 수준이며, 현금흐름 계산 시 그리 할인되지 않는다. 매출 성장률 역시 크게 높지 않다. 그래서 시가총액이 영업이익의 열 배까지 상승하지는 못했다.

마지막 의류업체 C사는 새로운 기술에 의존하는 A사 같은 사업에 비하면 리스크가 상대적으로 낮다. 한편 차입금을 사용하지 않고 요구 수준이 높은 주주의 자금만을 사용하는데, 이 때문에 자본비용이 높아진다. 결과적으로 두 가지 요인이 상쇄되어 자본비용이 두 회사의 중간 정도로 결정된 것으로 보인다. 한편 매출 성장률은 높기 때문에 A사와 마찬가지로 시가총액이 영업이익의 열 배가 넘는 수준으로 상승했다.

파이낸스는 투자자의 시선에서 생각하는 것이 핵심이다. 투자자는 현금흐름을 바탕으로 그것이 앞으로 얼마나 늘어날지를 확인한다. 여기서 투자자가 어느 정도의 수익을 요구하고 있는가 하는 자본비용이 중요하다. 그런데 실상 자본비용에 관해서는 회사 측이 통제할 수 있는 부분이 많지 않다. 금리는 회사가 결정할 수 있는 것이 아니며, 리스크도 업종이나 기업의 상황에 따라 상당 부분 결정된다. 기업이 통제할 수 있는 것이 한 가지 있다면 차입금을 어느 정도 사용하느냐다. 이때 차입금을 너무 늘리면 재무적으로 위기 상황을 맞게 되므로 신중히 판단해야 한다.

'돈 되는 사업'을 판단하는
관리회계 익히기

'이 사업이 돈이 될 것인가?'라는 판단

관리회계는 기업의 내부에서 경영 관리를 위해 숫자를 사용하는 분야다.

먼저 '이 사업을 하면 돈이 될까?', '몇 가지 사업 가운데 어느 것이 더 돈이 될까?'라는 의사 결정을 내릴 때 다양한 시뮬레이션을 하게 되는데 여기에 관리회계가 사용된다. 이때 관리회계에서는 단기와 장기로 나눠서 판단을 하게 된다.

단기는 1년 이내에 결과가 나오는 상황이다. 수익이 나면 시행하고, 수익이 나지 않으면 안 한다는 단순한 판단을 내린다. 이때 현금흐름이 아닌 '이익'을 잣대로 사용한다. 그 이유는 1년 동안의 수익이라면 그 기간에 실제로 벌어들인 돈을 집계하기 위해 이익에 여러 가지 조정을 가하기 때문에 현금흐름보다 더 시의적절하기 때문이다.

한편 장기는 1년을 초과해서 3년, 10년에 걸쳐 결과가 나오는 상황을 말한다. 이때는 기본적인 개념이 파이낸스와 가까워진다. 즉, 그 사업을 하면 장래에 어느 정도의 현금흐름을 벌어들일 수 있을지 예측하고 그것을 지금의 가치로 할인해서 평가한다. 투자자가 기업을 평가할 때와 같은 방법으로 기업이 스스로 자기 사업을 평가하는 것이다. 이런 평가 방법을 NPV(Net Present Value, 순현재가치법)라고 부른다.

실적을 정확하고 공정하게 평가하려면?

관리회계의 또 다른 역할은 사내에서 실적을 평가하는 것이다. 이를 위해 매년 실적을 어떻게 집계하고, 어떻게 관리해야 좋을지를 과제로 삼는다. 이때 몇 가지 원칙이 있다.

첫째는 회사나 사업부, 또는 개인이 지향해야 할 방향성을 일치시키는 것이다. 예를 들어 성장기에 들어선 기업이 '지금은 매출을 늘리는 것이 중요하다'라고 판단해서 매출 상승을 목표로 삼는다면, 각 사업부와 개인에게도 같은 목표를 부여해야 한다. 한편 안정기에 접어든 기업이 '이익을 높여서 투자 효율을 높이는 것이 중요하다'라고 생각한다면 마찬가지로 같은 방향의 목표를 각 사업부와 개인에게 부여해야 한다.

실제로 한 회사는 영업부 직원들에게 회사의 방향과 일치하는 목표를 부여하고자 했다. 이 회사는 '매출 확대'를 최우선으로 삼았다. 그래서 영업 부문을 평가할 때 접대비를 제하기 이전 단계의 이익으로 평가한다고 사내에 공지를 했다. 돈을 얼마든 써도 좋으니까 고객에게 환심을 사서 매출을 늘리라는 방침인 셈이다. 그런데 실제로 매출이 늘어나면서 회사는 도중에 '이익 중심'으로 방침을 바꾸었다. 그리고 이제부터는 접대비를 뺀 후의 이익으로 영업 부문을 평가하기로 했다. 그 결과 직원들이 아낌없이 사용하던 '접대비'가 순식간에 사라졌다고 한다. 어떤 척도로 평가하느냐에 따라 실무자의 행동이 달라진다는 이야기다. 그러므로 조직이 지향하는 방향에 회사 전체가 부응하도록 평가하고 관리하는 것이 중요하다.

실적을 평가할 때 기억해야 할 또 한 가지는 공정하고 누구나 수긍할 수 있어야 한다는 점이다. 가령 본사의 공통경비를 사업부에 할당할 때 '왜 우리만 이렇게 많이 부담하지?'라는 불만이 나와서는 안 된다.

또한 알기 쉬우며 공유할 수 있어야 한다는 점도 잊어서는 안 된다. 실적 평가의 척도로 ROE(Return On Equity, 자기자본이익률)나 EVA(Economic Value Aded, 경제적 부가가치) 등을 채택한 기업에서 최고경영자와 경영기획 담당자는 그 의미를 잘 알고 있지만 현장의 사원들은 그게 뭔지 잘 모르는 경우도 더러 있다. 이래서는 회사 전체가 하나가 되어서 지향해야 할 방향으로 나아갈 수 없다. 현장의 사원들에게도 그 의미를 충분히 이해시키고, 경우에 따라서는 알기 쉬운 말로 고쳐서 목표를 공유하는 것이 중요하다.

닛산 자동차는 '닛산180'이라는 숫자를 목표를 공표했는데, 180이라는 이 세 자리 숫자는 세 가지 의미를 담고 있다. '1'은 그 시점에서 판매 대수를 100만 대 늘린다, '8'은 영업이익률 8퍼센트를 목표로 삼는다, '0'은 자동차 사업을 무차입으로 경영한다는 것이다. 단순하면서도 명쾌한 숫자 목표 '180'은 사내에 충분히 공유되었으며, 모든 사원이 그 의미와 각 시점의 달성도를 파악하게 되었다.

투자자의 시선에서 회사를 평가하는 파이낸스, 결산서를 만들고 분석하는 재무회계, 의사 결정의 시뮬레이션이나 사내 실적 평가에 사용하는 관리회계는 분야로 따지면 나뉘어 있지만 실제로는 서로 깊게 관련되어 있다.

최근에는 투자자를 위한 보고서에 최대한의 정보를 담자는 생각에서, 결산서에 기재하기 어려운 개인의 능력, 지적 자본이나 환경 문제에 대한 대응 등을 추가 정보로 보고하는 경향도 있다. 이처럼 세 가지 분야를 서로 연결해서 이해하고 활용하는 것은 앞으로도 상당히 중요한 일이 될 것이다.

MBA BASICS FOR THE BOSS

그래서,
경영자는 무엇을
갖추어야 하는가?

경영자가 방향키를 놓칠 때
회사에 벌어지는 일

최고경영자의 능력은 기업의 실적에 큰 영향을 미친다. 경영자는 어떤 역할을 해야 할까? 또한 앞으로 경영자를 꿈꾸는 사람은 어떤 능력을 익혀야 하며, 그 능력을 어떻게 키워야 할까? 이번 장에서는 닛산 자동차의 사례를 통해 그 이야기를 해보려 한다.

닛산은 왜 경영 위기에 빠졌는가?

1970년경 일본에서는 도요타와 닛산이 자동차 업계의 양대 산맥으로 불렸다. 신차 판매 대수를 보면 도요타가 160만 대, 닛산이

130만 대로 거의 차이가 없었다. 승용차 점유율의 경우는 닛산이 더 높지만 상용차(사업에 사용되는 트럭, 지게차, 버스, 택시 등―옮긴이)와 트럭 부문을 합하면 도요타가 조금 더 우세인 상황이었다. 닛산이 도요타를 추월할 기회는 많았고, 실제로 월간 판매 대수는 추월한 적도 있었다. 그런데 1985년경부터 서서히 차이가 벌어지기 시작해, 카를로스 곤이 사장으로 취임한 2000년에는 일본 내 판매 점유율이 도요타의 절반 이하로 떨어졌다.

닛산의 실적을 보면, 버블 경제가 붕괴되기 직전인 1989년에는 법인세 차감 후의 당기이익이 1,200억 엔(약 1조 3,000억 원) 정도였다. 그런데 1993년 3월기에 적자로 돌아섰고, 그 뒤로는 단 1기를 제외하고는 전부 적자를 기록하다가 1999년에 경영 위기를 맞이했다.

경영 위기의 주된 원인은 버블 경제기에 차입금으로 과도한 설비 투자를 한 것이었다. 공장에 로봇을 대량으로 도입해 자동화를 추진하고 2,000개 정도였던 판매 거점을 일제히 리뉴얼하는 등, 일본 국내에서만 4,000억~5,000억 엔(약 4조 5,000만~5조 6,000만 원)을 투자했다.

이 투자에 필요한 자금은 전부 전환사채와 은행 차입으로 조달했다. 전환사채는 주가가 오르면 주식으로 전환되어 상환할 필요가 없어진다. 즉 빌린 돈을 갚을 필요는 없다. 주가가 상승하는 국

면에서는 전환사채가 상당히 유리한 자금 조달 방법이라서 이것
을 사용해 계속 설비 투자를 했던 것이다. 그러나 주가가 하락하
면 사채로서 상환을 해야 한다. 닛산이 1990년 무렵 발행한 전환
사채의 상환 기간이 그로부터 10년 후에 도래했다. 이미 버블은
꺼졌고 매출액도 이익도 감소했으며, 주가도 큰 폭으로 하락한 상
태였다. 주식으로 전환되지 않은 사채의 상환에 대비해 6,000억
~7,000억 엔(약 6조 7,000억 원~7조 8,000억 원)을 급하게 준비해
야 하는 상황이었다.

은행이 자금을 빌려준다면 위기를 극복할 수 있겠지만, 주거래
은행 두 곳 역시 금융 위기의 직격탄을 맞은 터라 닛산에 도저히

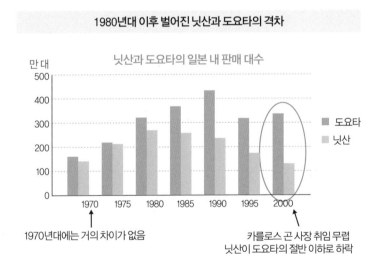

1980년대 이후 벌어진 닛산과 도요타의 격차

융자를 해줄 여유가 없었다. 자금을 조달할 수 없을 것이라는 위기감이 높아졌고, 닛산은 르노에 자금 지원을 요청했다.

방향키를 놓친 닛산, 도요타라는 벽에 부딪히다

닛산의 가장 큰 어려움은 도요타라는 거대한 기업과 싸워야 했다는 것이다. 당시 도요타는 '도요타 생산 방식'이라는 개념이 조직의 상부부터 하부까지 철저하게 스며들었고, 생산 현장의 오퍼레이션은 거의 완벽한 수준이었다. 아마도 자동차 한 대당 원가는 도요타가 닛산보다 5만~10만 엔(약 55만~110만 원) 정도 적었을 것이다. 이 원가의 차이는 판매점에 지급하는 인센티브나 고객에게 할인해줄 수 있는 가격 차이로 직결된다. 생산 비용의 차이가 곧 가격 차이가 되는 셈이다. 다시 말해 닛산은 도요타만큼 가격을 할인해줄 수 없었다. 또한 판매점은 마진이나 인센티브가 적으면 자연히 업무 의욕이 저하되어 매출이 떨어지는 악순환에 빠지고 만다.

상품 자체에서도 차이가 났다. 본래 트럭 등의 상용차에 강점이 있던 도요타는 1990년대에 시장의 니즈가 세단에서 미니밴으로 변화하자 즉시 상용차를 기반으로 미니밴을 만들어 투입했다. 그에 비해 닛산은 미니밴의 개발이 늦어졌다.

　해외 전략의 차이도 있었다. 닛산의 최고경영자는 방향키를 꽉 잡고 선택과 집중을 하지 못해 경영 자원이 사방팔방으로 흩어지는 결과를 낳았다. 최고경영자가 중간 관리직을 제어하지 못한 결과 닛산은 도요타를 웃도는 대규모 해외 투자를 무리하게 감행했고, 대부분이 적자에 빠지면서 실적 악화의 큰 요인이 되었다.

영리한 르노의 출자 전략

닛산으로부터 지원 요청을 받은 르노는 먼저 닛산에 5,857억 엔(약 6조 6,000억 원)을 출자하고, 그 후 2,159억 엔(약 2조 4,000억 원)의 신주인수권부 사채(발행회사의 주식을 매입할 수 있는 권리가 부여된 사채-옮긴이)를 인수해 합계 약 8,000억 엔(약 9조 원)을 투입했다. 지주 비율 36.8퍼센트(훗날 신주인수권의 실행으로 44.4퍼센트)의 최대주주가 된 것이다.

　의결권이 있는 보통주의 3분의 1을 보유하면 경영에 대한 발언력이 높아지기 때문에 그 회사의 경영을 실질적으로 지배할 수 있다. 르노는 M&A의 교과서대로 3분의 1이 넘는 주식을 취득했다. 그 후 르노는 닛산으로부터 약 2,500억 엔(약 2조 8,000억 원)을 출자했다. 일본 언론은 상호 출자를 통해 두 회사의 동맹이 강화되었다든가 주식의 상호 보유로 닛산과 르노가 일체화되었다고 기사를 썼지만, 이것은 커다란 착각이다. 닛산이 출자해서 얻은 것은 의결권이 없는 우선주이기 때문에 닛산은 르노의 이사회에 대해 주주로서 아무런 발언력도 가지지 못했다. 쉽게 말하면 3조 가까운 돈을 르노에 그냥 준 셈이다. 르노는 닛산에 출자한 8,000억 엔 중 2,500억 엔을 공짜로 회수하는 데 성공했다.

새로운 경영자 곤의 리바이벌 플랜

곤은 1999년 6월 닛산에 COO로 취임했고, 그해 10월에 닛산의 '리바이벌 플랜'을 발표했다. 그 내용은 충격적이었다. 단기 경영 목표로 익년도(2000년도)에 흑자 전환, 2002년도 말까지 매출액 영업이익률 4.5퍼센트 이상 달성과 1조 4,000억 엔(약 16조 원)에 달하는 유이자 부채를 반감하겠다고 발표한 것이다. 제조업에서 영업이익률 4.5퍼센트면 상당히 우량한 기업이다. 이를 실현하려면 매출을 늘리거나 비용을 줄이는 수밖에 없는데, 당시 매출은 증가할 기미가 보이지 않았기 때문에 곤이 선택한 방법은 비용 절감이었다.

이 리바이벌 플랜의 주요 시책을 살펴보자.

먼저, 부품 구입 가격을 20퍼센트 삭감한다고 발표했다. 자동차 제조사의 내부 제작 비율은 사실 약 30퍼센트 정도이며, 70퍼센트는 부품 제조사 등으로부터 구입한다. 당시 닛산의 외부 조달액은 약 3조 엔(약 34조 원)이었는데, 이것을 20퍼센트 삭감하면 그것만으로도 6,000억 엔(약 6조 8,000억 원)의 이익이 나온다.

다음은 인원 감축이다. 곤은 닛산 그룹의 직원 15만 명 가운데 2만 1,000명을 정리해고하기로 했다. 당시 1인당 인건비는 약 1,500만 엔(약 1억 7,000만 원)이었으므로 3,000억 엔(약 3조 4,000억 원)이 넘는 비용을 절감하게 된다. 물론 퇴직금 등이 있으므로 단기적인 비용은 증가할 테지만 2년차, 3년차가 되면 비용이 극적으로 줄어든다.

셋째는 공장의 폐쇄다. 닛산은 일본 내 점유율이 도요타의 절반 이하가 되었음에도 한 군데 공장만을 폐쇄했을 뿐, 생산 설비의 규모가 전성기와 거의 비슷한 상태였다. 곤은 도쿄에 있는 40만 평 규모의 주요 공장을 포함해 모두 다섯 개 공장을 폐쇄하고 매각하기로 결정했다. 이런 유휴 자산 매각으로 수천억 엔의 현금을 확보할 것으로 예상되었다.

여기에 계열 회사의 주식 매각도 발표했다. 일본의 자동차 제조사는 모기업과 부품 제조사가 주식을 서로 보유해 계열사라는 관계를 형성하는 것이 관례였다. 교류를 통해 그룹 자체의 비용을 낮추고 기술 혁신을 이루는 것을 목표로 했다. 그러나 곤은 중요하다고 판단한 회사 네 곳을 제외하고 나머지 계열사의 주식을 전부 매각했다. 실제로 닛산은 현재도 계열사가 없다.

교묘한 연출로 만들어진 곤 신화

카를로스 곤이 사장으로 취임한 때는 2000년 6월인데, 2001년 3월기에는 당기 이익이 3,300억 엔(약 3조 7,000억 원)으로 급증했다. 사실 여기에는 일종의 트릭이 숨어 있다. 곤이 취임하기 전인 2000년 3월기에 큰 폭의 적자를 만들어놓고 사장 취임 후 극적으로 개선된 것처럼 시나리오를 연출한 것이다.

전년도에 7,000억 엔(약 7조 8,000억 원)에 가까운 적자가 났는데 이듬해 3,000억 엔이 넘는 이익이 나는 상황은 사실 거의 불가능하다. 회계에 밝은 사람이라면 감이 오겠지만, 2000년 3월기에 본래라면 이연자산으로 계상해야 할 개발비 등 평가 손실을 전부 손실로 처리하고 비용화할 수 있는 것은 전부 비용화했을 것이다. 당시의 닛산에는 누적 손실이 있어서 세금을 낼 필요가 없었으므로 세무서도 그냥 넘어갔으리라. 이런 회계 처리를 통해 '극적인

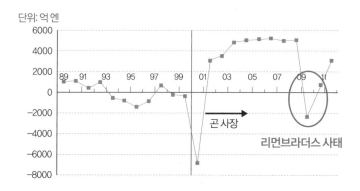

닛산 자동차의 장기 실적 추이(당기 이익)

단위: 억 엔

곤 사장

리먼브라더스 사태

V자 회복'을 연출한 것이다.

왜 그런 일을 했을까? 카를로스 곤은 자신이 구세주라는 인상을 심어줄 필요가 있었다. 극적인 V자 회복은 닛산 내부에서 곤의 인기를 절대적으로 만들었다. 곤이 공장으로 시찰을 오면 사원들은 그를 열렬히 환영했다. 티셔츠에 사인을 받으려고 줄을 설 정도였다.

정리해고나 공장 매각 같은 혹독한 조치를 실행하려면 반드시 사원들의 지지가 필요하다. 사원들이 곤을 지지하지 않는다면 주요 공장을 폐쇄하고 수많은 사원을 길거리로 내모는 극약 처방은 단행할 수 없다. 사회에서도 비판이 쏟아질 것이다.

운도 그의 편이었다. 곤이 닛산에 온 뒤로 1달러가 120엔을 돌

사장을 위한 교양 MBA

파하는 엔화 약세가 시작된 것이다. 당시 당기 이익의 3,000억 ~4,000억 엔(약 3조 4,000억~4조 5,000억 원) 정도는 엔화 약세의 효과였을 것으로 추정되는데, 이 또한 곤의 '수완'으로 평가받았다.

물론 곤은 실력 있는 경영자이지만, V자 회복의 이면에는 이런 연출과 행운 또한 뒷받침된 것이 사실이다.

끈끈한 연고보다
외부자의 시선이 절실한 이유

끈끈한 연고가 족쇄가 되다

그렇다면 왜 곤은 경영 쇄신을 이뤄낼 수 있었고 닛산의 이전 경영진은 하지 못했을까?

곤이 공장 세 곳의 폐쇄와 대규모 구조조정을 단행할 수 있었던 이유는 미련이나 연고가 전혀 없었기 때문이다. 닛산의 역대 사장들은 공장장 출신이거나 생산 현장과 밀접한 관계가 있는 사람들이었다. 따라서 공장을 완전히 객관적인 제삼자의 눈으로 바라볼 수가 없었다. 공장 하나하나마다 '저 현장의 계장하고 밤새 술을 마셨더랬지', '고생해서 신차를 개발했지.' 같은 추억이 담겨 있다. 그러니 공장을 폐쇄하고 인원을 대량 감축한다는 것은 가족과 연을 끊는 일이나 다름없었던 것이다. 제조사에 몸담았던 사람이라면 누구나 공감할 만한 이야기다.

곤은 부품 구입 가격을 20퍼센트 삭감했는데, 이것도 연고가 있는 옛 경영진은 할 수 없는 일이다. 20퍼센트나 삭감을 요구하면 상대측 부품 제조사는 망할지도 모른다는 생각을 할 수밖에 없다. 그러나 곤은 그것을 요구했다. 실제로 대략 1년 반 만에 거의 모든 부품 제조사가 20퍼센트 삭감을 달성했다. 기존 방식의 연장선상에서 비용을 20퍼센트나 줄이기는 불가능하다. 세 가지 부품을 조립해서 만들던 부품을 주물로 단번에 만든다든가, 재료를 금속에서 플라스틱으로 바꾼다든가 하는 획기적인 발상이 요구된다. 신기하게도 사느냐 죽느냐의 벼랑 끝에 몰리자 이런저런 아이디어가 나와서 대부분의 부품 제조사가 목표를 이루어냈다. 곤의 승리였던 것이다.

이어서 곤은 수익에 공헌하지 않는 차종을 폐지했다. 이것도 큰 용기가 필요한 결단이다. 판매 담당자들은 늘 경쟁사와 비교해서 부족한 스펙을 보완해야 한다고 호소한다. 이렇게 영업 담당의 요청에 따라 제품을 만들어나가면 모델이나 색상, 차종이 계속 늘어나서 결과적으로 하나의 차종당 판매량이 감소하는 현상이 발생한다.

곤은 수익이 오르지 않는 모델을 폐지하고 인기 모델에 특화했다. 그 결과 재고가 큰 폭으로 감소했고 색상의 가짓수도 줄었다. '고객의 니즈에 맞추되 가짓수는 억제한다'는 방침을 그는 관철해나갔다.

적자가 계속되던 유럽 사업 분야에서도 구조조정을 철저히 진행했다. 유럽의 닛산 본사는 암스테르담의 스히폴공항 근처에 위치한 멋진 12층 건물에 있었다. 닛산의 직원들이 유럽에 출장을 갈 때면 꼭 들러서 자부심을 고취하는 명소와도 같았다. 그러나 그곳도 매각했다. 뿐만이 아니었다. 판매점 입장에서는 '이게 없으면 먹고 살 수 없다'고 여기던 판매장려금 등의 인센티브도 대폭 삭감했다.

곤은 닛산에 아무런 연고도 없었기에 아픔을 느낄 이유가 없었다. 이것이 그의 강점이었다.

닛산이 간과했던 경영자의 필수 능력

한편 닛산 옛 경영진의 문제점을 한마디로 압축하면 경영의 핵심 기술이 부족했다고 말할 수 있다.

- 경영 전략을 세우고 전개하는 기술이 부족했다.

- '마케팅 매니지먼트'에 대한 이해가 부족했다. 드러커에 따르면 '사업의 목적은 고객을 창조하는 것'이다. 가치 있는 제품이나 서비스를 창조해서 제공할 때 고객이 생겨나는데, 그 본질을 이해하지 못했다.

- 손익계산서, 재무상태표, 현금흐름에 대한 이해가 깊지 못했으며, 이것을 사업 전략으로 연결시키는 논리와 방법론을 갖추지 못했다. 특히 '현금흐름에 따른 경영'이라는 개념이 없어서 손익계산서를 기반으로 경영을 했다. 손익계산서에서는 판매 계약만 성립하면 돈이 실제로 들어오지 않아도 매출로 기록되지만, 실제 자금의 흐름은 손익계산서상의 숫자와는 전혀 다르다. 경영의 기반은 '현금흐름'이다.

- 회계나 경리, 부기는 알고 있지만 경영의 의미에서 재무상태표를 이해하지 못했다. 일례로 자마 공장의 총자산회전율(매출액을 총자산으로 나눈 수치로, 기업이 자산을 얼마나 효율적으로 활용해 수익을 창출하는지 보여주는 지표―옮긴이)은 0.2 정도에 머물렀다.

  장부 가격을 기준으로 만든 재무상태표는 탁상공론에 불과하다. 당연히 시가 기준의 재무상태표로 경영 효율을 생각해야 한다. 시가로 계산했을 때 총자산회전율이 0.2임을 알았다면 그 공장을 임대로 돌리고 자동차 공장은 땅값이 싼 지역으로 이전하는 식의 계획을 세울 수 있었을 것이다.

- 단기, 중기, 장기로 나눠서 경영 전략 시나리오를 구축하는 능력이 부

족했다. 많은 경영자들이 부하직원에게 보고서를 요구할 뿐 자신의 머리로는 생각하지 않는다. 직원들이 보고서를 작성해 오면 그제야 이런저런 질문을 하고 지적하는 식이다. 그러나 경영자는 일을 지시할 때 미리 나름의 가상 시나리오를 준비해놓아야 한다. 뚜렷한 전략 없이 직원들이 내놓은 보고서나 제안서를 검토한들 제대로 평가할 리가 없다.

- 경영 전략을 실행하는 조직 및 인재 운용 능력이 부족했다. 다시 말해 목적을 달성하기 위해 하나의 방향으로 조직과 사람을 움직이는 기술이 부족했다는 뜻이다.

과거 닛산이 간과했던 이 능력들은 모두 경영자가 반드시 갖추어야 할 필요조건이다.

직원들이 스스로 이뤄내도록 만들라

곤이 특별히 뛰어났던 한 가지는 바로 '사업 전개 시나리오를 직접 만들어내는 능력'이었다. 이것은 복잡한 상황이 뒤섞인 가운데 어떻게 목표를 달성해나갈 것인지 가설을 만들어내는 능력이라 할 수 있다. 가설의 옳고 그름은 나중에 검증하면 된다.

또한 경영 자원을 재분배할 때 맞닥뜨리는 거대한 알력을 극복하고, 리스크를 감수하며, 끝까지 수행하는 의지가 그에게는 있었다. 이를 위해서는 배우처럼 연기하는 능력도 필요하다.

이어 메인 시나리오를 실현하는 과정에서 곤은 인재를 최대한 활용해 구체적인 방안을 내놓도록 만들었다. 경영은 혼자서 할 수 없다. 여러 직원들에게 일을 분배할 수밖에 없는데, 이때 맡은 사람이 마지못해 하느냐 자발적으로 의욕을 가지고 뛰어드느냐에 따라 결과가 완전히 달라진다. 그렇기에 사원의 잠재 능력을 충분이 끌어내지 못한다면 결코 높은 목표를 달성할 수 없다.

여기서 중요한 것은 경영자가 직원들에게 구체적인 안을 주문하기 전에 스스로 뚜렷한 가설을 세울 수 있어야 한다는 점이다. 곤은 원가와 변동비를 줄이고 자산을 매각하면 현금흐름이 얼마나 개선될 것인지 스스로 가설을 세웠다. 그러나 그 가설을 억지로 밀어붙였다가는 현장에서 즉각 반발이 일어날 것이 불 보듯 뻔했다. 이에 곤은 현장의 부장과 과장급들이 '우리가 스스로 구상한 안을 실행했다'고 생각하게끔 교묘히 유도했다.

예를 들어 구입 부품 비용을 20퍼센트 삭감할 때 경영자가 대뜸 "20퍼센트를 삭감하시오"라고 말하면 구매 담당자들은 "20퍼센트는 말도 안 됩니다. 그랬다가는 거래처가 죽고 맙니다"라며 반발할 것이다. 개중에는 계열 부품 제조사의 사장이 옛 상사여서 20퍼센트 삭감 같은 말을 꺼내지도 못하는 경우도 있다.

그래서 곤은 이렇게 상황을 주도했다. 먼저 회사의 어려운 경영 상황을 직원들에게 이해시킨 다음 "10퍼센트 원가 절감으로는 부족하네. 20퍼센트를 절감할 아이디어가 필요해"라고 주문한다. 직원들이 서투른 아이디어를 가져오면 계속 반려한다. 그러다 보면 어느 순간 직원들이 "20퍼센트를 절감하려면 이 방법밖에 없습니다"라며 스스로 완성한 계획을 내놓는다. 적절한 안이라면 "좋았어, 이걸로 하자고"라며 어깨를 두드려준다. 지금까지 고심하며 절감 방안을 고안한 직원은 '내가 만든 방법이 승인되었다'는 생각에 자부심을 느낀다.

곤은 이런 방법으로 해당 라인의 부장 및 과장급들에게 구체적인 안을 제시하도록 했고, 그들의 아이디어로 직접 실행하게끔 만들었다. 결과를 보자면 곤의 시나리오대로 움직인 셈이지만, 현장에서는 자발적으로 이뤘다고 느낀다. 그야말로 메인 시나리오를 실현하기 위해 인재를 적절히 운용한 사례다.

각 부문의 관리자들이 스스로 도출한 활동 계획에 최고경영자의 방침을 반영하도록 만드는 이런 능력은 오퍼레이션 단계에서 반드시 필요하다.

사장은 높은 곳에서
먼 곳을 바라봐야 한다

전략은 만들기보다 실행이 더 어렵다

경영자가 되면 직원들에게서 올라온 정보만으로 경영을 해야 한다. 그러므로 현장에서 실제로 무슨 일이 일어나고 있는지 감지할 수 있어야 한다. 정보를 직접 수집하는 비공식적인 경로를 만들거나, 변화를 감지하기 위해 여러 가지 경영 데이터를 교차 검증하는 등의 방법도 효과적이다.

또한 경영자로서 의사 결정을 일단 내린 후에는 강한 집념과 추진력으로 조직을 이끌어야 한다. 예를 들어 곤의 경우는 직원에게 "이 원가를 왜 낮추지 못하는지, 그 원인과 대책을 2주 후에 가지고 오시오"라고 말한다. 지시를 받은 사원은 반드시 2주 후에 설명을 하러 와야 한다. 만약 오지 않으면 페널티를 받는다. 곤은 아무리 작은 일이라도 자신이 요청한 것은 추진시켰고 그대로 따르지 않는 사람에게는 페널티를 부과했다. 그런 긴장감이 조직의 실행 능력을 끌어올리는 것이다.

만약 상사가 뭔가를 지시했는데 부하직원이 이행하지 않고 마냥 미루고만 있어도 전혀 채근하지 않는다면 어떨까? 처음에는 마음 졸이며 초조해하던 직원도, 같은 상황이 두세 번 반복되면 '지시를 내린다고 해서 굳이 당장 할 필요는 없구나'라고 생각하게 될 것이다. 그런 태도는 습관으로 굳어진다. 그래서 곤은 '커미트먼트(commitment)'라는 말을 입버릇처럼 했다. 지시를 했을 때 그 자리에서 "알겠습니다"라고 말한 이상은 반드시 실행해야 한다는 의미다.

많은 경영자가 전략이 중요하다고 말한다. 그러나 전략을 수립하는 것보다 훨씬 어려운 것이 곧 전략을 실행하는 일이다. 경영자는 조직 전체가 하나의 전략에 몰입하고 끝까지 완수하도록 이끌 책임이 있다.

전략을 실현할 수 있는 시스템이란

전략을 실현할 수 있는 체제는 전략만큼이나 중요하다. 예를 들어 전기 자동차를 개발한다면 배터리 기술을 확보해야 한다. 이를 위해 기업 매수를 할 것인가, 사내에서 기술자를 양성할 것인가? 아니면 개발 인력을 스카우트할 것인가? 선택지는 여러 가지지만, 어쨌든 누구에게 그 일을 시킬지 결정해야 한다.

또한 개발, 구매 영역을 각각 어떤 조직으로 구성할지, 해외 거점은 어떻게 활용할지, 개발을 어디에서 할 것인지 등 조직 구조의 재편성이 필요하다. 그에 따라오는 인사고과, 인사이동, 글로벌 인사 등에 대해서도 시스템을 구축해야 한다.

해외 근무를 하는 직원의 급여를 어떤 형태로 지급할 것이냐도 사소해 보이지만 중요한 문제다. 국내에서 규정된 액수를 현지의 구매력 평가(두 나라 통화의 개별 국내 구매력이 서로 같아지도록 정하여놓은 두 통화의 교환 비율-옮긴이)로 환산해 현지 통화로 지급할지, 아니면 원화로 지급할지 결정해야 한다. 인사나 급여 시스템을 상세하게 조정해야 함은 물론이다.

이 모든 것을 종합적으로 움직이지 않으면 경영은 제대로 돌아가지 않는다. 경영자는 각각의 시스템을 만드는 일에는 뛰어나지 않아도 괜찮다. 그러나 경영 전체에 대한 이해는 반드시 필요하다.

경영자에게 가장 중요한 것은 경영 능력이 아니다

혼다는 1963년 자동차 시장에 후발 주자로 뛰어들었다(닛산은 1933년). 다른 회사보다 수십 년이나 늦게, 그것도 진입 장벽이 아주 높은 업계에 도전했는데 이후 닛산을 추월했다(지금은 닛산이 다시 추월했다).

창업자 혼다 소이치로는 상품개발 능력과 기술력, 사업 감각은 있었지만 비즈니스스쿨에서 흔히 가르치는 핵심 경영 역량은 갖추지 못한 사람이었다. 그것을 보완해준 사람은 부사장이었다. 혼다가 그를 먼저 찾아내 손을 내밀었고, 그렇게 명콤비가 탄생했다.

다시 말하지만 최고경영자는 경영 능력이 일부 부족해도 상관없다. 스스로를 객관적으로 바라보고 자신은 무엇을 할 수 있으며 무엇이 부족한지 아는 것이 더 중요하다. 소이치로의 강점은 최고경영자의 모든 요건을 갖춘 것이 아니라, 그 요건이 무엇인지 본능적으로 이해하고 자신에게 부족한 부분을 충분히 자각했다는 점이다. 아울러 인재를 꿰뚫어보는 능력과, 타인에게 자신의 부족한 부분을 맡기는 여유와 당당함이 있었다.

경영자에게 요구되는 능력은 시대와 함께 계속 바뀐다. 지난 고도 성장기에는 회사마다 각 부서가 하고자 하는 일에 온힘을 다하고, 자원이 부족하면 더 부어넣기를 반복하며 회사가 성장해나갔다. 다시 말해 '부분 최적'의 집합이었다고 할 수 있다.

그러나 지금은 전체적인 수요의 파이가 한정적이고, 시장은 해외로 확대되고 있다. 때문에 글로벌 시점에서 선택과 집중을 해나가야 한다. 전방위로 소모전을 계속했다가는 경영 자원이 고갈되고 만다. 이처럼 전체 최적을 염두에 두어야 하는 국면에서는 무엇보다도 최고경영자의 능력이 중요해진다. 경영 자원을 어떻게 배분할지 전체적인 상을 그리고 명쾌한 의사 결정을 하며, 결정한 바를 끝까지 수행하는 능력이 한층 요구되는 시대다.

스티브 잡스(Steve Jobs)는 2005년 6월에 스탠퍼드대학교의 졸업식 축사에서 이렇게 말했다.

"Stay hungry, Stay foolish."

그가 'Be hungry, Be foolish'가 아닌 'Stay'라는 표현을 썼다는 데 유의하라. 즉, 더 앞선 목표와 날카로운 비전을 갈구하는 마음을 계속 유지하라는 것이다. 또한 무모하리만큼 과감한 태도를 지속하라는 것이다. 때로는 사람들에게 '지금 제정신이야?'라는 소리를 들을 만큼 상식을 뒤엎고 시대를 앞서라.

잡스의 급여는 1달러였다. 그에게 돈은 목적이 아니었다. 잡스처럼 자신을 완전히 연소시키지 않는 경영자는 세찬 글로벌화의 흐름 속에서 사업과 조직을 지켜내고 성장시키기 힘들 것이다.

옮긴이 김정환

건국대학교 토목공학과를 졸업하고 일본외국어전문학교 일한통번역과를 수료했다. 21세기가 시작되던 해에 우연히 서점에서 발견한 책 한 권에 흥미를 느끼고 번역의 세계에 발을 들여, 현재 번역 에이전시 엔터스코리아 출판기획 및 일본어 전문 번역가로 활동하고 있다.

경력이 쌓일수록 번역의 오묘함과 어려움을 느끼면서 항상 다음 책에서는 더 나은 번역, 자신에게 부끄럽지 않은 번역을 할 수 있도록 노력 중이다. 공대 출신의 번역가로서 공대의 특징인 논리성을 살리면서 번역에 필요한 문과의 감성을 접목하는 것이 목표다. 야구를 좋아해 한때 imbcsports.com에서 일본 야구 칼럼을 연재하기도 했다. 옮긴 책으로는 《수학은 어떻게 무기가 되는가》《구글을 움직이는 10가지 황금률》《이익을 내는 사장들의 12가지 특징》《경영 전략의 역사》《일을 잘 맡긴다는 것》등이 있다

사장을 위한 교양 MBA

초판 1쇄 발행 2020년 10월 30일

지은이 와세다대학교 비즈니스스쿨
펴낸이 정덕식, 김재현
펴낸곳 (주)센시오

출판등록 2009년 10월 14일 제300-2009-126호
주소 서울특별시 마포구 성암로 189, 1711호
전화 02-734-0981
팩스 02-333-0081
전자우편 sensio0981@gmail.com

기획·편집 이미순		**외부편집** 임성은	
마케팅 허성권		**경영지원** 김미라	
본문디자인 유채민		**표지디자인** Design IF	

ISBN 979-11-90356-85-5 03320

이 도서의 국립중앙도서관 출판예정도서목록(CIP)은 서지정보유통지원시스템 홈페이지(http://seoji.nl.go.kr)와 국가자료공동목록시스템(http://www.nl.go.kr/kolisnet)에서 이용하실 수 있습니다. (CIP제어번호: CIP2020040985)

잘못된 책은 구입하신 곳에서 바꾸어드립니다.

소중한 원고를 기다립니다. sensio0981@gmail.com